「介護保険は詐欺だ！」と告発した公務員

木っ端役人の「仕事」と「たたかい」

日下部雅喜
（元堺市職員）

日本機関紙出版センター

はじめに

「介護保険は詐欺である」。

ひと昔前なら、こんなことを言えば「あなた、気は確かですか?」と言われただろう。ましてや堺市の区役所介護保険窓口で仕事をしている堺市職員(地方公務員)が言えばなおさらである。

私は今年(2016年)3月に堺市を定年退職し、公務員でなくなったが、現職の時から「介護保険は国家的詐欺」と告発してたたかってきた。この本は、公務員の私が、なぜ、介護保険制度を「詐欺」と断じるに至ったのか、そして、なぜ、役所の中にいながら介護保険を告発してたたかうことができたのかについて書いたものである。

そのキーワードは、公務員ならだれもが「宣誓」する「国民主権」「憲法擁護」である。

転機となったのは2000年4月の不正告発である。「たった一人で反乱」(第1章)で書いたようにクビ覚悟で行った刑事告発によって役所のしがらみから自分を解き放つことができた。失ったものも多かったが、「堺市を舞台とした福祉・介護の不正とのたたかい」(第2章)では、現職公務員としての福祉・介護オンブズマン活動を心おきなく展開することができた。さらに、「大阪社保協の活動」(第3章)を通じて、国・厚生労働省と立ち向かい、大阪府内、全国各地にともにたたかう多くの仲間たちを得ることができた。

そして、介護保険料の仕事をしながら、それを通じて知った高齢者の怒りと声なき声を力に故福井宥さんの遺志を継いで介護保険料一揆や介護保険料裁判をはじめ「介護保険料を告発し続けた16年間」（第4章）は、私の公務員生活で最も充実した時期であった。

私は、堺市役所に入った23歳の時から、「憲法遵守」を誓った公務員と現実の職場と仕事の断絶に愕然としながら、「役所の中で解決しなければ住民とともに」（第5章）たたかうのが住民の利益にかなう道であることを学んできた。一方、暗中模索と過ちだらけの「思想・活動遍歴」（第6章）の持ち主でもあるので正直に告白させていただいた。

「介護保険は詐欺である」。今、この発言に対して、多くの方が「そうかも知れない」「このままでは本当に詐欺になる」と共感されるようになった。それだけ介護保険制度は悪くなってきた。さらに、現政権が進めようとしている「社会保障改革」の路線がこのまま強行されれば、高い介護保険料だけ取って、実際はほとんど使えない制度へと介護保険は改悪されていくだろう。この道だけは何としても押しとどめたい。

将来、この本が「退職公務員のたわごと」と一笑されるような、明るい未来になることを念じている。

元堺市職員　日下部雅喜

もくじ　「介護保険は詐欺だ！」と告発した公務員

序章

わたしの2つの顔
——「介護保険窓口の木っ端役人」と「介護保険告発の活動家」

介護保険告発の活動家・講師として全国へ

区役所介護保険窓口の木っ端役人16年

「木っ端役人」人生

私は2016年3月末日をもって37年間在籍した大阪府堺市役所を定年退職した。最終の肩書は「堺市南区役所南保健福祉総合センター地域福祉課介護保険係副主査」というヒラ同然の役職である。同期就職の者たちの多くは局長・区長や部長級で定年を迎え、その後も好待遇の「再任用」ポストを約束されていたが、その中でただ一人「無位無官」同然で定年退職しその後の再任用も自分から断った。

2000年4月に、堺市役所本庁から現在の職場に不当配転で「島流し」にされてから16年間、同じ職場で同じ仕事をしてきた。同時期にスタートした介護保険の窓口業務担当である。高齢者からは「高い介護保険料」のお叱りをうけ、要介護者・家族からは「利用しにくい介護保険」の苦情を突き付けられ、介護サービス事業者やケアマネジャーからは改正のたびに悪くなる「介護保険制度」への疑問が寄せられた。行政の末端で介護保険制度の裏も表も深くかかわり、その矛盾を一身に引き受ける仕事である。まさにしがない「木っ端役人」。これが私の公務員人生だった。

のべ700回の講演、介護保険「告発」の活動

一方、「勤務時間外」の夕刻以降や土・日・休日は、介護保険制度の問題点を告発し改革

を訴える「活動家」の日々であった。北海道から沖縄まで、介護保険問題での講演会、学習会の講師活動は、15年間で約700回、ここ数年は毎年60回を超えている。本もここ2年間で3冊書かせていただいた。主な活動舞台は「大阪社会保障推進協議会・介護保険対策委員会」と「介護保険料に怒る一揆の会」である。「福祉・介護オンブズマン」を名乗り、不正告発や、住民監査請求、堺市を被告とする裁判闘争の原告や証人にもなった。大阪府や大阪市とのさまざまな交渉や厚生労働省との話し合いの場にも毎年のように参加し官僚たちと対峙してきた。

介護保険制度の問題点を告発し、国と自治体の行政を追及し、「対決」するわたしの言動に対し「公務員のあなたがなぜこんな活動ができるのか」「市役所の中での立場は大丈夫か」といった声をいただくことが多くあった。

私の答えは「市民のために仕事をしようと思ったらこうなっただけです」。聞いた人は怪訝そうな表情を示すだけだった。「自分を語ること」は一番苦手である。しかも大したこともしてこなかった恥多い木っ端役人のことなど話す価値もない。そう思ってまともに自分のことなど書いたことがなかった。

しかし、公務員人生に終止符を打ち、「民間人」として歩むことになったのを機会に、行政の末端で体験したこと、市役所内で私なりに抵抗し、告発し、闘った経験を綴ってみよ

う と思ったのだ。

行政の中でまじめに住民のために働きたいと考えている自治体職員の皆さんにとって私の37年間のささやかで、かつ身勝手な経験が少しでも参考になれば望外の喜びである。

また、行政を相手に住民運動をしているみなさんにとっては、自治体職員の大いなる「可能性」に着目していただき、厳しく叱咤しながらも、その内なる「良心」を揺り動かし、「決断」を促すような働きかけをしていただきたいとも思う。

公務員としての第一歩は「日本国憲法擁護」

堺市職員として公務員人生のスタートを切ったのは、1979(昭和54)年である。4月1日、堺市民会館で新規採用職員の辞令交付式があり、大学を卒業したばかりの23歳の青年・日下部雅喜は晴れて「堺市職員」の辞令を手にした。

同時に「宣誓書」なるものに署名・押印させられた。

「私は、ここに、主権が国民に存することを認める日本国憲法を尊重し、且つ、擁護することを固く誓います。

私は、地方自治の本旨を体するとともに公務を民主的且つ能率的に運営すべき責務を深く自覚し、全体の奉仕者として、誠実且つ公正に職務を執行することを固く誓います。」

37年も前のことであるが、「主権が国民に存することを認める日本国憲法を尊重し、且つ、擁護する」ということばに感動した記憶が鮮明に蘇る。

しかし、実際の職場や仕事は、憲法などほとんど関係ないかのようなものだった。

今思えば、この「国民主権」「憲法擁護」の宣誓と、実際の自治体職場・業務のギャップの中で、怒り、苦しみ、そして抗ってきた37年間ではなかったかと思う。

担当する仕事のもとになる「制度」が悪ければ、住民の権利を侵すようなことも「仕事」としてやらざるをえない。また、市当局や上層部の方針が住民の利害を裏切っていれば、その板ばさみになるのは、第一線の公務員である。当局の手先になるしかないのか。こう思ってあきらめかけたこと、時流に乗ろうとしたことも多々あった。

しかし、憲法では「主権者」は国民であり、われわれ公務員は、それを認めた憲法を尊重すると宣誓したではないか。何度このような自問自答があったかわからない。

私は、社会福祉行政職採用なので、福祉関係の仕事ばかりをしてきた。国民に、「健康で文化的な最低限度の生活」を保障し、国に、「すべての生活部面について、社会福祉、社会保障及び公衆衛生の向上及び増進」を義務付けた憲法第25条は今、政府の社会保障切り捨て政策と、それに追随する自治体当局によって著しく有名無実なものと化している。

また、堺市政も長年続いた「共産党を除くオール与党」の冷たい官僚市政であり、一度も市民本位の「革新市政」など実現したことがなかった。私たちも支持している現竹山修身市長は、大阪維新の会の「大阪都構想」を拒否しているという点で大いに評価できるが、その行政姿勢は基本的に国追随である。

このような堺市行政組織であるから、政令指定都市になり、行政改革は進んでも、市民の福祉や暮らし向上の独自施策は乏しく、現政権の社会保障切り捨て施策がストレートに持ち込まれている。苦しさを増す市民生活の中で、市役所行政がこのありさまであるから、その第一線で市民に接する私たちに対し、日々怨嗟の声や怒りが寄せられる。

「国民主権」「憲法擁護」の立場で振り返る公務員生活

自治体の末端で、一職員ができることなど、たかが知れている。国や市当局にたてついたところで何かが変わるわけではない。しかし、「憲法遵守」を宣誓したものとして、それに恥じない行動、主権者である国民を裏切らない行動がとれる余地はあるのではないか。

そんなことを、考えた時、市職員として自治体当局に雇用され、その「指揮命令」は受けざるをえなくても、自らの「良心」に従い、自分の裁量の範囲内、そして業務外の自由な時間で行えることが多くあることに気付いた。

若き日々、1980年代の障害福祉課時代での障害者共同作業所の補助施策拡充の取り組み、福祉施設徴収金改悪反対の運動、登録制ホームヘルパーの組合づくりなどをはじめ、平和運動、自治体労働運動や21世紀に入ってから今日までの介護オンブズマン活動、「介護保険料に怒る一揆の会」運動など、すべて、私にとっては、憲法遵守を誓った公務員としての実践のつもりであった。

地位も名声もない、一木っ端役人の恥多き公務員生活であったが、この「国民主権」「憲法擁護」を手掛かりに、わが37年間を振り返ってみたいと思う。

第1章

たった1人で反乱

――2000年、堺福祉会の不正を告発

「福祉会」不正経理
堺市職員が告発へ
見逃し許さぬ 異例の個人名

堺福祉会裏金問題
市職員が刑事告発へ
7日にも 市の対応手ぬるいと

弁護士、堺市に告発助言
福祉会の不正経理 局長指示で中止

「堺福祉会」の不正経理
裏金2億3400万円
特別監査で判明

老人ホーム運営費の不正流用
堺市職員が告発へ
業務上横領容疑で

2000年4月の不正告発を報じる新聞各紙

梅田章二弁護士、藤永延代さんらが呼びかけて開かれた「社会福祉法人の刑事告発を考える集い」で報告している私

1 「公務員個人」で刑事告発

役所をクビになってでも

2000（平成12）年4月4日早朝6時半、電話のベルで起こされた。「日下部さんですか、朝早くからすみません。○○テレビです。今日の朝日新聞の記事ですが、本当に個人で告発されるのですか」。これをはじめに、マスコミ各社からの電話がつぎつぎとかかってきた。当日の朝日新聞の朝刊1面に『『福祉会』不正経理　堺市職員が告発へ　見逃し許さぬ　異例の個人名」という大見出しで、「告発するのは、3月31日まで同市民生総務部に所属していた日下部雅喜さん（44）」と実名が記されていたからである。

「その件は本当です。今日、警察へ告発状をもっていきます。詳しい話は今日の午後記者会見を行います」。こう言って電話を切った。

私は、現職の堺市職員のまま、たった一人で堺市に「反乱」を起こした。特別養護老人ホームを舞台に、総額2億3千万円以上の公金を横領した容疑で社会福祉法人「堺福祉会」の理事長らを、堺市の「告発はしない」という方針に反し、「公務員個人・日下部雅喜」の名で刑事告発したのである。

福祉を食い物にした巨額の不正の実行者に対し、当時の堺市上層部は不正を知りながら情報を隠し、名目的・形式的な処分であいまいな解決を図ろうとしていた。刑事告発は、そうした堺市の姿勢を告発し厳正な処置を求める目的だった。

当日の朝、告発状を胸ポケットに自宅から警察署へ向かう途中、当時小学生だった娘と息子が自転車で学童保育へはしゃぎながら走っていく後姿を見ながら「本当にこれでよかったのだろうか。役所をクビになったらゴメンな」と心の中でつぶやいた。

デイサービスで焼鳥屋の領収証

当時（２０００年３月まで）、わたしは堺市民生総務課の社会福祉法人監査担当職員の一人だった。

特別養護老人ホーム「ハートピア泉北」を定期監査で訪問したのはその前年（１９９９年）の９月。併設のデイサービスセンターの会計書類を見ていて、給食費関係の領収証に「焼鳥屋」の領収証がチラホラあるのを発見した。

「デイサービスで焼鳥屋に行くことがあるんですか」と聞いたが、事務長は「デイの利用者さんたちと外出行事として店にいくことがあります」とすっとぼけた。

おかしい。領収証の日付から曜日を確認すると「土曜日」。当時のデイサービスは土日は開所していない。しかもこの焼鳥屋の営業開始は午後5時からであった。日も時間もデイサービスとは関係ない。にもかかわらずデイサービス運営費（当時は堺市委託料）から焼鳥代が支出されている。さらに他の領収証を見ていくと同ホームは給食を外部委託していたにもかかわらず「食材費」の領収証がやたら多く、しかも、その大半が寿司屋や居酒屋、レストラン、バーなど私的な飲食代としか思えないのばかりだった。私的飲食費を多数、特別養護老人ホーム運営費（措置費）、ショートステイ・デイサービス運営費（委託料）から支出していたのだ。これが不正事件発覚の発端となった。

「不適正な経理です。法人として調査して報告してください」。こう言い残して定期監査を終わった。

報告を求められた法人側は9月になって、施設長と事務長が、約74万円の「不適正支出」があり職員厚生費の「科目間違い」だったと説明にきた。焼鳥屋などの飲食は職員の福利厚生だというのだ。そんなバカなことあるか。すでに監査の場で、そんなものでは済まない大量の私的飲食費の領収証を確認していた。

内部留保はダントツ、介護はワースト1

法人側の報告が虚偽だとして監査を重ね、他課の応援も得て大量の人員を投入して立ち入り検査・特別監査を行った結果、不正領収証は計3千枚以上に及び、最終的には2カ所の特別養護老人ホームの会計から2億3400万円以上が不正流用されていた事実が明らかになった。理事長や施設長らが組織ぐるみで堺市から交付された措置費・委託料を6年以上にわたって横領していたのである。

社会福祉法人「堺福祉会」は、当時2カ所の特別養護老人ホームと1カ所の老人保健施設を堺市内で運営していたが、13人の法人理事のうち10人が親族で占められ、理事会も開かず議事録だけねつ造するなど、でたらめ運営だった。施設の職員配置も基準を下回り、2カ所の特別養護老人ホームで3件の死亡事故（転落死亡2件、無断外出・入水死亡1件）を引き起こしながら、施設会計では多額の余剰金を残すという放漫経営で、その犠牲者は施設利用者と職員であった。

職員の給与が他施設に比べ著しく低く、さらに夜勤者が基準数に足りないなど、人件費を切り詰めた結果、市から交付される措置費、委託料を使いきれず多額の繰越金を積み増ししていたのだ。一方で理事長の妻は2カ所の特養で「常勤」として給与を二重に受け取るなどしていた。

【コラム①】金儲け主義の施設経営がもたらす腐敗

（雑誌「レボレスト」2000年8月号に寄稿した一文）

介護保険が今年4月から実施され社会福祉制度は大きな再編時期にあるが、その真っ只中で発覚したのが堺福祉会の不正経理事件であった。これまでの「措置制度」では、行政から施設に支払われる措置費はその使途が厳しく制限され、行政の監査は会計面も細かく指導することができたが、介護保険制度では施設に支払われる「介護報酬」はその使途は自由であり監査も大きく緩和される。

「競争原理」を口実に営利企業の参入などで社会福祉事業の規制緩和・自由化がすすめられようとしているが、それは一方では、施設職員には厳しいリストラ、利用者には負担強化と処遇の切り下げをもたらす。

すでに、「堺福祉会」の経営する特別養護老人ホームは措置制度の下で極端な「経費節減」を行い繰越金（内部留保）では、堺市内の特別養護老人ホームでは断然トップであった。一方で、職員給与の低さ、配置基準違反、利用者処遇の問題点、死亡事故などの監査指摘事項ではワースト1の状態であった。1992年に法人設立した堺福祉会はわずか数年間で3カ所の施設（特別養護老人ホーム2、老人保健施設1）

を建設した急膨脹法人だが、その内実は理事13人の内10人が親族等で占められ理事会もまともに開催せず議事録だけ偽造するなど社会福祉法人としてのまともな運営は行われず同族支配企業のような実態であった。

こうしたことが不正経理の背景にあるのだが、介護保険と規制緩和・自由化に浮かれる社会福祉関係者の中には「堺福祉会はあと1年うまくやればバレずにすんだのに」という声すらある。施設利用者と職員を犠牲にした金儲け主義の施設経営がいかにひどい結果をもたらすかを社会に訴えたい――これが告発の第三の理由である。

福祉を「食い物」に

当時は「措置費」として公金が特別養護老人ホームに支払われており、これは全額施設利用者の処遇のためにしか使用できないものだった。この金を不正に流用するために、使われたのが「偽造領収証」である。

私を含めて6人の監査チームが半年がかりで不正の全容を解明していった。証拠書類を詰めた段ボール箱を大量に持ち帰り、休日返上・連夜の残業で領収証1枚1枚のウラをとっていった。

「この食材費300万円の領収書、○○屋となっているが住所が京都市や。こりゃきっと料亭やで」。領収証に書いてあった電話番号にかけてみると「うちは呉服屋どす」。なんと食材費300万円は、理事長夫人の着物代だった。

「『被服費』で上がっている領収証の業者、『○○レディ』っていう名前や。こりゃどう見てもばあさんの服やなくてブティックやで」。その業者に電話して「お宅の店ではどのような服を扱っているのですか」と聞いてみると、「はあ?うちはエステティックサロンですが」。なんと、頻繁に出てくる領収証は、理事長夫人の5人姉妹がエステから1台20万円の美顔器を購入した領収証だったのだ。

理事や家族の高級呉服や洋品・化粧品代などが食材費や被服費に多数混入していた。なおかつ、それぞれの領収証の「¥」マークと金額の間に数字を書き加えて一桁増やしたり、入手した白紙領収証で架空支出をでっちあげ、日々せっせと不正蓄財に励んでいたのである。まさに「福祉を食い物にする」というのはこのことである。

堺市上層部との癒着

私たち監査担当職員が暴き出したこの巨額な不正流用とその手口。実はその調査自体が大変だった。当時特別養護老人ホームは、国・自治体から建設費の4分の3が補助されることから、地元の有力者が市上層部とのコネを使って施設を建設するのが横行していた。「土地さえあればあとは市役所や市会議員とのコネで施設は建つ」とうそぶく社会福祉法人理事長もいたほどだった。特別養護老人ホーム経営は「資産活用」というわけだ。

「堺福祉会」も当時の理事長は、堺市の最高幹部と小学校の同級生で、自民党の長老格の市会議員の後ろ盾もあった。不正経理の調査でもその市会議員がことあるごとに横やりを入れて妨害し、私たちの上司の部長もこれに屈して、調査活動にブレーキをかけ、領収証発行業者への全件訪問調査は直前になって中止させられた。監査の場にもその市会議員の意を受けたたちの悪い公認会計士が強引に立ち合い、ことごとく事情聴取に横から口を出してくる始末であった。

堺市当局はマスコミに対し、あたかも「堺福祉会」が不正経理を自主申告し、理事長らも自ら引責辞任したかのように公表し幕引きを図ろうとした。

私たちは、形式的な「理事長辞任」でなく、横領という犯罪で刑事責任を問うべきと考え、当時の堺市の顧問弁護士に相談し、弁護士からは「堺市には告発すべき社会的責任がある」との助言を得た。監査担当職員は勇んで告発状の文案まで作成していた。ところがこれに対しても、民生局長は「刑事告発まではするな」と中止させた。

不当配転で監査担当を追われる

堺市当局は、監査チームの中で最後まで刑事告発を主張して譲らなかった私を2000年4月1日付の人事異動で監査担当から外し、南支所（現南区役所）地域福祉課に飛ばす不当配転を行い、一切の意見反映の機会を奪ってしまった。

堺市が告発しようとせず不当配転で口封じを強いるなら、一職員として刑事告発するしかない。これが悩みぬいた末に到達した結論であった。

刑事訴訟法は、公務員が職務を通じて「犯罪があると思料するときは告発しなければならない」と定めており、横領罪にあたる法人理事長らを告発しない堺市当局のほうがおかしいのである。

そうは思ったものの、たった一人で堺市の方針に逆らって「個人」で告発するのは一つ間違えば「服務規律違反」として懲戒処分でクビになりかねない。生活があるし住宅ローンもあれば妻と2人の子もいた。

迷いに迷ったが、やはり人間として譲れない一線がある。高齢者を食い物にする不正を発見しながら、堺市当局の「幕引き」に何も言わないのは、不正を意図的に見逃すことであり、加担することと同じではないか。こんな卑怯な姿勢で公務員を続けてもまともな仕事などできるわけがなく、「当局の犬」になり下がるだけである。

揺らぐ気持ちを断ち切るため、以前に他の不正問題で面識のあった朝日新聞の記者（堺支局長）に電話をした。「堺福祉会の不正事件、堺市当局が告発を見送り実行犯をかばうので私が個人で大阪府警に告発します」。記者はその日のうちにすっ飛んできた。後日プレス公表する予定で作成した資料をそのまま渡した。大阪本社と打ち合わせした記者は、「朝刊1面に掲載されます」と胸を張った。

告発に大きな反響、懲戒処分も

「もう後戻りできない、やるしかない」。覚悟は決まった。どうせやるなら、世間に広く公表し、堺市が私を処分するなら社会にその不当性を訴えてやる。大阪府警への告発状提出後には、堺市役所で記者会見を開いた。市政記者クラブのすべての新聞とテレビが取材にきて会見会場は満員になった。まぶしいテレビカメラの照明とフラッシュの中で、「公務員個人」として告発に至った一部始終と堺市上層部の法人との癒着の事実と裏切り行為について語り、当日夕刻のテレビニュースと翌日の朝刊で大きく報道された。「老人ホーム運営費の不正流用　堺市職員が告発へ　前理事長ら業務上横領容疑で」（毎日新聞）、堺福祉会裏金問題　市職員が刑事告発へ　市の対応手ぬるいと」（産経新聞）といった具合である。

上司である部長・局長をはじめ、堺市幹部たちは驚き、激怒した。翌日慌てて堺市は堺福祉会不正事件について、私がまとめた資料をもとに特別監査結果を公表。私の告発行為については「公の立場ではなく、個人が告発するのはおかしい。組織がなりたたなくなる」「公務員の守秘義務の観点から地方公務員法上の問題点を詰めて対応を検討したい」と懲戒処分を示唆した。

市民から激励が

ところが、その日から私には市民、社会福祉関係者らから、次から次へと「よくやった」「不正に負けるな」といった激励の電話やファックス、手紙が寄せられた。公務員人生の中でこれだけ誉められたのは後にも先にもこのときだけである。

一方、直前まで所属していた堺市の社会福祉法人監査担当の部署や上司には市民から何百件もの抗議の電話が相次いだ。「告発した職員を処分するな」「堺市が不正を告発すべきだ」といった内容が大半だったという。苦情の電話対応に追われ仕事にならないほどてんてこ舞いをした上司や同僚職員たちのことを思うと複雑な気持ちだったが、見ず知らずの市民がこんなにも自分の行動を励ましてくれるのかと感激したものだった。

ただ、少数ではあるが、「ええ格好するな」「夜道に気をつけろ」といった嫌がらせ電話もあり、脅迫状めいた手紙も届いた。「身辺に気を付けたほうがいい」と忠告してくれた先輩もあり、しばらくは外では一切酒を口にせず、夜中は尾行に注意して行動した。しかし、これだけ大事（おおごと）になっているのだから、手を出したほうが負けであり、万一のことがあれば、それはそれで、下手人は不正関係者であることは明白であり、堺市当局の責任がさらに問われることになると考えると覚悟が決まり、気が楽になった。

告発から10日後には、梅田章二弁護士や「おおさか市民ネットワーク」の藤永延代さんらが呼びかけ人となって「社会福祉法人の刑事告発を考える集い」が開かれ、「堺市は不正実行者の刑事告発を」と市当局に申入れを行い、同年8月には堺市民29人が大阪地方検察庁に刑事告発をするという動きになった。

さらに、堺市在住の豊島達哉弁護士が、堺福祉会不正関係の文書を堺市に情報公開請求したが、堺市は5月に「全面非公開」とし、異議申し立ても2001年9月に棄却したため、豊島弁護士が原告になって、2001年12月情報公開を求める裁判となり、堺市は2003年4月に文書の大部分を公開した。

私の「飼い殺し」狙った堺市当局

結局、堺市当局は2000年7月に「刑事告発は見送る」と発表した。「不正経理で得た金は法人に返還され、関与した理事長ら4人は辞任した」というのがその理由であった。

一方で私の処分問題は「刑事告発した職員の処分は行わない」と懲戒処分は断念した。

この堺福祉会不正告発問題で、堺市役所内における私の位置はきわめて特異なものになった。一市職員でありながら、市の方針に反して「個人」で告発を行い、マスコミと世間を巻き込んで堺市当局に公然と「反乱」。しかも堺市当局は懲戒処分はおろか「口頭注意」すらできなかった。当局ができたのは、出先職場に「島流し」同然に不当配転し、その後16年間、定年退職まで、区役所の末端で同じ部署で同じ仕事をさせ、一切の昇進・出世の道から除外して「飼殺す」ことだけであった。

のびのびとたたかった公務員人生

こうして、進むべき道は決まってしまった。まず、意地でも堺市職員を辞めないこと。「飼い殺し」「島流し」に負けて堺市役所を逃げ出しては当局の思うつぼである。意地でも定年までは勤め上げる。これが私にできる唯一の抵抗であった。

二つめは、ここまで自分の主張を貫く行動ができたのだから、これからも「仕事」を通じて、不当なこと、改革が必要なことは迷わず告発していこう。これが新たな決意であった。

2000年4月にスタートした介護保険の担当になったのだから、介護保険制度の問題点・矛盾点を市民目線でとことん解明しようと心に決めた。仕事を通じて、そして、自分の自由な時間に一市民としての立場でも、である。

これが２０００年4月から２０１６年3月までの16年間、堺市南区役所地域福祉課に「島流し」「飼い殺し」されたはずの一公務員が、その檻を食い破って、のびのびとたたかうことができた理由である。

【コラム②】応援してくださった皆様への感謝の手紙

（２００2年3月、堺福祉会不正事件の情報公開を拒否した堺市に対し、豊島達哉弁護士が「情報公開裁判」を起こし、その「応援する会」発足集会参加者に寄せた私の手紙）


福祉情報公開裁判を応援する会発足集会参加者の皆様へ。

本日は、お忙しいところ集会にお集まりいただきお礼を申し上げます。

さて、私が一昨年（２０００年4月）に堺市職員でありながら「個人」として社会福祉法人堺福祉会の前理事長夫妻ら4人を「業務上横領容疑」で刑事告発して2年が過ぎようとしています。警察は未だに捜査中で事件は依然として解決していません。

堺市は２０００年7月に「告発見送り」を公表し、同時に私に対する処分についいても「考えていない」と発表しました。また、この不正事件に関する情報公開請求に対しても1枚の公文書も公開しない「全面非公開」としてきました。特別養護老人ホームに支出された公金から2億3千万円以上が不正流用されていた空前の不正事件が明るみになり、多くの市民が真相解明を求めているにもかかわらず、堺市がこの間とってきた行動は不正関与者をかばうだけでなく不正事件の解決を曖昧にしようとするものです。社会福祉法人堺福祉会の役員には前理事長の親族が就任し、不正の舞台となった二つの特別養護老人ホームの前施設長も依然として施設に居座っていると言われています。

市職員として、堺市当局が姿勢を改め不正事件に対して毅然とした態度をとることを期待して「個人告発」に踏み切ったわたしの願いは完全に裏切られる結果となりました。堺市の姿勢はまったく変わらなかったのです。

しかし、一方でこうした行政の姿勢を変えようとする市民の新たな運動が沸き起こったことは私にとって大きな喜びでありました。私がたった一人、処分覚悟で告発に踏み切った2000年4月、弁護士の豊島先生、梅田先生、市民ネットワークの藤永さんらが呼びかけて緊急に「刑事告発を考える集い」が開かれ、会場に座りきれない人々が集まっていただいた時の感動は生涯忘れることはできません。その後堺市に対する申入れ・要請行動、この裁判の発端となった監査関係公文書の情報公開請求、そして2000年8月には市民29人による大阪地検特捜部に対する刑事告発と事態は進展していきました。堺市当局が、私に対し何の処分も行えなかったのもこうした市民運動があったからだと確信しています。本当にありがとうございました。

豊島先生が原告となって今回起こされた「情報公開裁判」は、この不正事件の監査関係資料を1枚も公開せずに隠し通そうとする堺市に対して市民の知る権利を行使するための裁判であり、不正事件の全容解明を求めるたたかいであります。こうした運動は警察や大阪地検に対しても厳正捜査を求めることにつながります。また、福祉を「食い物」にする不正を許さない運動は、市民が安心して福祉・介護サービスを受けられる堺市にするためのたたかいでもあります。今後大きく発展し、裁判に必ず勝利して堺福祉会不正事件の全容を白日の下に明らかにできる日までともにがんばりたいと思います。

当然のことながら、当時の監査担当職員として堺福祉会の不正事件のすべてを知っている私は、堺市が「非公開」としている資料に何が記載されているか知っています。しかし、堺市が非公開にしている間はわたしがその内容を明らかにすれば、「公務員の守秘義務違反」として刑事罰を含めた責任を問われることになります。市民に知らせるべき情報を語れば処罰される、こんな不当なことは許せません。私が「合法的に」不正事件の全容を語れるようになるためにはこの「福祉情報公開裁判」に豊島先生が全面勝利するしかありません。こうした意味でもわたしはこの裁判を全力で応援していく決意です。それが市職員として市民に対する責任を果たすことになると信じています。

不正事件の告発を通じてこの2年間あらためて「行政とは何か」「市民に奉仕する職員の職務とは何か」を問い直すことになりました。この裁判を応援することで堺市を少しでも透明な市政へ、そして市職員が市民の目線で物事を考え語ることのできる市役所へと変革していく一助となることを願っています。

集会参加の皆さんへの敬意をこめて

2002年3月13日　堺福祉会不正事件告発人　堺市事務職員　日下部雅喜

2　堺福祉会事件のその後

堺福祉会不正事件はその後3年間にわたって警察、大阪地検、そして検察審査会へと舞台を移しながら、進展した。しかし、残念ながら十分な解明がなされないまま「不起訴」が確定する結果となった。

経過は次のようなものである。

大阪地検が不起訴（起訴猶予）に

2002年12月、大阪地検は、堺福祉会元理事長ら4人による業務上横領容疑事件について、捜査の結果、不起訴とした。検察庁へは不起訴処分の理由について、何度となく足を運んで説明を求めたが「理由は起訴猶予だ」というばかりで納得のいく説明はなされなかった。

弁護士とも相談し、2003年5月に大阪第二検察審査会へ申立を行った。やや長くなるが、検察審査会への申立理由を紹介する。

【不起訴処分を不当とする審査申立の理由（2003年5月14日）】

検察官は、告発した業務上横領被疑事件を不起訴処分とした理由を「起訴猶予」（平成14年12月25日付け「不起訴処分理由告知書」）としている。業務上横領を疑う事実そのものは認められるが起訴して処罰するほどの罪の重さがない、との判断であると推測される。しかし、告発人としては以下の点で不当であると判断する。

第一は、横領した金額が1億9千万円にも上っていることである。これ以外にも多額の横領があり、堺市の特別監査で判明しただけでも総額2億3477万69円に及んでいる。堺市の特別監査では横領金銭の使途は解明できなかったが、犯行期間が長期であることもあり、被疑者らが横領金銭を私的に消費していた疑いも濃厚である。発覚したことにより数回にわたって返還したとはいえ、長年にわたってかくも多額な金銭を横領し続けた被疑者らの行為は処罰に値するものである。

第二は、横領の手口が極めて悪質なことである。横領された金銭は特別養護老人ホームに入所している高齢者が充分な介護を受けて生活するために行政から支出された公金（措置費・委託料）である。被疑者らはこの公金をあたかも高齢者のために使用したかのように見せかけるため、自らや家族などの私的飲食費、買物代などの領収証を不正使用し、さらに改ざんによりその金額を大幅に上乗せしていた。堺市の監査で確認されただけでも不正使用・改ざん領収証は３０００件を超えていた。福祉事業家を装いながら長年にわたり膨大な領収証の書き換えに明け暮れていたのである。被疑者らが運営していた2カ所の特別養護老人ホームは入所者・利用者の相次ぐ死亡事故、介護職員の低賃金など問題だらけの運営実態であった。多額の業務上横領は入所していた高齢者の犠牲の上に行われたと言っても過言ではない。被疑者らが事件発覚後、横領金銭を施設に返還したとしてもその間特別養護老人ホームに入所していた高齢者の人生は取り戻すことはできない。この事実を見ても福祉を食い物にした被疑者らの行為は厳重に処罰されるべきである。

第三は、事件発覚後の被疑者らの「反省」が形式的なものであり、社会的制裁も極めて不十分なことである。被疑者ＡとＢは不正事件が発覚した１９９９年12月に社会福祉法人堺福祉会の役員を形式上辞任した。しかし、後任の理事長には自らの親族を選任し、２カ所の特別養護老人ホームの施設長を務めていた2人の親族も引き続き施設職員に居座るなど、依然として親族支配による当該法人への影響力と利権を確保しているのである。被疑者らは事件発覚後の堺市の特別監査に対しても虚偽報告を繰り返し行い、自らの犯行を隠蔽しようとした。横領について改悛の情のない被疑者らを法人役員の形式的辞任をもって不起訴とするならば、今後公然と法人や施設運営に関与してくる可能性もあり、新たな手口での不正すら引き起こしかねない。

さらに、被疑者らは、横領した金銭の一部を自己のものとして当該法人に「寄付」することにより、所得税法上の寄付金控除を受けていた。これについては堺市の確認監査の結果を見る限り、そのまま放置されている可能性がある。もしそうであるならば不正の「やり得」であり、このような被疑者らを不起訴処分にすることは到底承服できない。

以上のように、本件業務上横領被疑事件は、横領金額の多さ、横領の手口及びその社会的影響、被疑者の反省の度合いの低さ、再犯防止措置の不十分さなどから見て不起訴処分とすることは不当である。

なお、告発人は事件発覚当時、堺市の監査担当職員であり、6カ月に及ぶ特別監査を通じて被疑者らの横領行為の重大性と悪質さを実地に見聞してきた。ところが、堺市当局は、顧問弁護士の「市として刑事告発し不正実行者の刑事責任を問うべき」との助言にもかかわらず、中途半端な甘い処分で本件を打ち切ろうとしていた。義憤にかられた告発人が平成12年4月7日「公務員個人」として告発したのは、厳正な捜査によりこの横領事件の全容が解明され、被疑者らに法の裁きを受けさせるためであった。堺市当局に逆らって「個人」として告発するには処分を含む処遇上の不利益を覚悟の上であった。告発がマスコミで報じられ多くの市民から告発人への激励と堺市当局への抗議が殺到したこともあり、堺市当局は告発人に対する不利益処分を行うことができなかった。「福祉を食い物にする不正は許せない」という市民世論の勝利であったと確信している。

しかし、本件業務上横領事件が不起訴処分となったことで、本件告発にかけた告発人の期待は裏切られることになった。

検察審査会におかれては、本業務上横領事件の性格と社会的な影響を直視していただき、是非とも「不起訴不当」の議決をしていただくことを切望する。

ついに手にした「正義の証（あかし）」　検察審査会で勝つ

２００３年6月24日、大阪第二検察審査会は、社会福祉法人「堺福祉会」不正事件の被疑者らの不起訴処分を「不当」とする議決を行った。

検察審査会が、「不起訴不当」と議決した理由は、

①堺市から支給された措置費等を長年不正捻出したことは、返還しても納税者である市民は到底納得できない
②被疑者らは犯行を認め改悛の情があるというが法人への影響力が窺える
③被疑者らの不正により施設入所者が正当な介護を受けていない事実は責任重大
④監督官庁である堺市は2施設の口座から各90回以上もの不正出金の横領事実を把みながら処罰を望んでいないというが、納得できない

⑤被疑者らの行為は市民の信頼を裏切り、社会福祉事業全般に不信感を与えたという5点で、長年にわたる横領金額と回数の多さ、手口の悪質さ、社会的影響、被疑者の反省の度合いを考慮し納得がいかない、とした。

この検察審査会の議決理由は、私の審査申立の趣旨をほぼ全面的に認め、検察庁の不起訴処分を不当と断じたのみならず、横領事実を把みながら被疑者の処罰を望まなかった堺市当局の姿勢をも厳しく批判していた。

私が2000年4月に、公務員個人として告発したのは、特別養護老人ホームの入所者等の処遇のために堺市から支出された公金が被疑者らの悪質な不正行為によって長年にわたって横領されたという事実と、これに対する堺市当局の甘い処分に対する怒りからであった。検察審査会の議決は、高齢者のために行政が支出した公金から2億円近い金銭を横領した不正は、福祉を食い物にする悪質な犯罪であり、金銭の返還や通り一遍の行政処分では許されず、刑事責任が追及されるべきであると、市民社会の常識にかなう内容であった。

2003年7月2日、裁判所の建物にある検察審査会事務局でこの「審査会議決書」を受け取り、内容を読んだとき、自分の主張がはじめて公的に認められたと実感した。わずか3枚の議決書が私が人生をかけて手にした「正義の証（あかし）」であった。

再び不起訴

しかし、この検察審査会の議決は、当時は法的拘束力がなかった（「起訴相当」議決⇒「強制起訴」という法的拘束力が与えられたのは、この翌年の２００４年に成立した「刑事訴訟法等の一部を改正する法律」であり、実際に検察審査会の議決に拘束力が生じるようになったのは２００９年5月以降である）。

「不起訴不当」の検察審査会議決を受けて、２００３年7月から大阪地検は、事件の捜査を再開した。捜査に協力した堺市の担当者からは、「今度は起訴されるのではないか」という声も聞かれた。

しかし、年末ぎりぎりの２００３年12月26日、大阪地検は再び「不起訴」としたことを発表した。

私が公務員人生をかけて刑事告発した不正事件は、今度は検察の手によって「幕引き」が行われた。憤懣やる方のない気持ちで書いたのが次のコメントである。

【社会福祉法人堺福祉会　不正事件　被疑者の不起訴処分について】

２００３年12月26日　告発人　日下部雅喜

１　大阪地方検察庁は、２００３年12月26日、社会福祉法人堺福祉会の元理事長ら４人の被疑者について再び不起訴処分としたことを公表した。
2　この事件は、大阪地検が昨年12月に不起訴（起訴猶予）とし、本年6月に大阪第二検察審査会が「不起訴不当」と議決していたが、今回の大阪地検の不起訴処分はこの検察審査会議決をも踏みにじるものである。検察審査会は、前回の不起訴処分を不当とした理由として、長年にわたる横領金額と回数の多さ、手口の悪質さ、施設入所者が十分な介護を受けていないこと、社会的影響及び被疑者の反省の度合い等を考慮し「納得がいかない」としていた。これらが何一つ変わっていないにもかかわらず、大阪地検が再度不起訴にしたことは到底市民の納得が得られるものではない。
3　大阪地検は、今回の不起訴処分の理由として、施設の口座から計190回にわたって不正出金された現金について、私的流用は「証拠上認められなかった」とし、嫌疑不十分としている。これは、大阪地検が、不正の全容を解明しないまま捜査を打ち切るに等しい。とくに1億円近い「自宅保管現金」等については、すでに堺市の特別監査の段階でも、その信憑性について重大な疑問があることを指摘する報告書が作成されている。大阪地検の不起訴理由はこの点について全く不問にしている。
4　私が2000年4月、あえて公務員個人として、4人の被疑者を業務上横領で告発したのは、特別養護老人ホームを舞台に行われた不正事件の全容解明と被疑者らの厳正なる処罰を求めたものである。今回の大阪地検の不起訴は、告発に踏み切った者としては非常に残念な結果である。発覚するまでの6年8カ月の長期にわたり特別養護老人ホーム入所者の処遇のために堺市から支出された措置費・委託料等2億3千万円以上を不正出金した事件の悪質さ、重大さを考えると、この処分は到底承服できない。

5　この間の不正事件告発の活動を通じて、広範な市民の不正追及の運動が広がり、行政に対する情報公開裁判によって不正事件関係の特別監査資料を公開させ、大阪地検によって覆されたとはいえ、検察審査会は告発人の主張を全面的に支持する議決を行った。これらは3年8カ月に及ぶ運動の大きな財産であり、この間、運動を支援していただいた方々に心から感謝申し上げる。

今回の不起訴処分によって、被疑者らの刑事責任を問うことはできなくなったが、今後、福祉・介護を食い物にする不正を許さない社会的な世論と運動をよりいっそう強化する決意である。

第2章

堺市を舞台にした福祉・介護の不正とのたたかい

堺福泉療護園労働組合　不正働いた元理事長を追放（2004年）

1　現職公務員として福祉・介護オンブズマン活動

辞令を突き返す

２０００年4月1日付けで、本庁の「民生総務課法人監理担当」から、南支所（２００６年度から南区役所）地域福祉課に不当配転された。配属先で「辞令」を受け取った私は、その足で本庁の人事部へ行き、「南支所地域福祉課の仕事はさせていただきますが、今日いただいた辞令は承服できないので返却いたします」と突き返した。人事部長は、その前日まで民生総務部長で堺福祉会不正事件の監査の責任者であった人物である。自民党の市会議員の横やりに腰砕けとなって、私たちの調査業務を抑え込んだ上司である。辞令書を突き出すと「これ受け取ってもええんかなあ」と言いながら、あっけなく受け取った。

辞令は返したものの他に行くところもやることもないので、南支所の地域福祉課で新しくスタートした介護保険係の一員として、介護保険の仕事をすることになった。時間外では、不正事件の告発問題で堺市当局とたたかいながら、日中は始まったばかりで何から何まで一から作り上げる介護保険の仕事をする日々が始まった。

新しい職場ではじめた2つのこと

本庁で社会福祉法人監査を担当していた時では平日は毎日残業、休日も出勤という生活だったが、出先の介護保険窓口の担当となってからは、日中はトイレに行く暇もないくらい電話対応や窓口対応に追いまくられるが、本庁のように膨大な事務量や議会対応があるわけではない。相対的に「時間的余裕」ができ、弁護士さんとの打ち合わせや、「堺福祉会不正事件を刑事告発させる会」の活動などを時間外で取り組むことはできた。しかし、役所の中では一緒に活動する人はなく、市職員労働組合でさえ支援してくれなかった。出先職場はそうでもないが、本庁に出かければ、こちらが挨拶をしているのに挨拶もせずにそっぽを向く管理職や、かかわり合うのが嫌なのか無視をして口もきいてくれない元同僚など冷ややかな空気があふれていた。陰口での誹謗中傷や「日下部は『正義の味方づら』をして市会議員選挙に出るつもりだ」などという悪意の噂を流す連中もいた。「仲間」のいない「個人」としての活動は初めてで、非常な孤立感の中での毎日であった。

そんな中で、二つのことを取り組み始めた。

一つは、直接担当することになった「介護保険料」問題である。介護保険制度は2000年4月にスタートしたが、65歳以上の高齢者（第1号被保険者）からの介護保険料徴収は半年後の2000年10月からであった。初めて行う介護保険料徴収、それも年金からの天引きという未経験のことに向けて準備を進めていた。最大の問題は新たな介護保険料を高齢者にどう説明するかであった。本庁がいつまでたっても「説明マニュアル」を作らないので、1カ月かかって介護保険制度を一から勉強し、「介護保険料説明マニュアル」を作成した。これは、私の職場だけでなく堺市全体の介護保険担当職員の研修会のテキストにもなった。またこの作業を通じて、介護保険制度がいかに矛盾に満ちたものであり、結局は、高齢者の年金から介護費用を調達しようとする収奪の制度であることが私自身十分に理解できた。これが、その後の「介護保険料一揆」の活動への結びついていく基礎となった。この介護保険制度と介護保険料理解の研修と説明マニュアル作成を通じて、堺市の介護保険担当職員と認定調査員の有志による自主学習グループ「堺市介護保険検討会」を何度か開催するようになった。役所の中でいろいろあっても「市民の役に立つ仕事をしたい」という思いは多くの職員が心の片隅に持っている。とくに窓口関係の職場では、市民から要望や苦情に日常的にさらされるだけに、気分は屈折しながらもそうした思いはとくに切実である。「孤立無援」のたたかいから、臨機応変に、介護保険窓口職員の悩みや意欲に依拠した取り組みに足を踏み出すことで私の介護保険職場での「立位置」を作り出し、ある程度の発言力と影響力をつくることができた。

もう一つは、監査の仕事を通じてやり遂げられなかった「福祉の不正」の監視と追及である。肝心な不正は見落としながら、一方で「重箱の隅をつつく」ような、行政の監査ではできない活動をしたいと考えた。そして当時、行政の不正や無駄遣いを市民の目線で監視し、住民監査請求や住民訴訟で改善を求める運動を展開していた「市民オンブズマン」の福祉介護版ができないかと模索を始めた。

「市民グループ見張り番」との出会い

２０００年４月、大阪で行政監視や住民監査請求、公金返還の住民訴訟を取り組んでいた市民オンブズマン団体である「市民グループ見張り番」の松浦米子さんと知り合うことができた。さっそく会員になり、堺市政や介護・福祉をめぐる不正などについて「見張り番」(福祉・介護オンブズマン）活動をスタートした。とは言っても、たった一人でのスタートなので、いろいろな会合に出かけて行って発言するくらいのことで1年以上が過ぎた。そんなことを一人でも情報発信できる方法としてインターネットがあることに気づき、パソコンに強い職場の同僚に頼んでホームページ「福祉・介護オンブズマン」を２００１年10月に立ち上げた。

なかでも自分自身の体験から、不正の事実を内部から見聞き、場合によってはそれに手を染めている公務員に対して「内部告発」が決定的に重要だと考え、「公務員の内部告発のすすめ」を取り組み始めた。

内部告発のすすめ―公務員へのメッセージ

以下は、当時呼びかけた「現職公務員のみなさんへのメッセージ」である。

「『行政の腐敗・怠慢を監視するのは市民の運動』――市民オンブズマンや情報公開運動では今や常識です。

しかし、本来『全体の奉仕者』であるべき公務員（労働組合的に表現すれば自治体労働者）の出番や役割はなくてよいのでしょうか。

行政当局と一体の『お役人一家』でよいのでしょうか。

現職公務員を続けながら『福祉・介護オンブズマン』を名乗っている私は、断じてそうあってはならないと思います。自己保身と出世のためには『上には従い、民の声には耳を貸さない』、こんな役人ばかりでは地方自治はお先真っ暗です。役所の中から、自らの良心と市民感覚に基づき行政の腐敗や怠慢、不正を暴露し正していく――こんな公務員の運動が広がればすばらしいな！　と考えるこのごろです。もちろん、巨大な官僚組織の中で生きる公務員にとってそれは決してたやすいことではありません。それは私がこの数年間味わってきた経験でもあります。

しかし、一度しかない人生、曲がりなりにも『公務』に従事できる仕事のすばらしさ、そしてこの大不況の世間の中で特権的に保障された身分、これだけの『好条件』の中で、『見ざる・聞かざる・言わざる』を決め込んで生きるのは人間としていかがなものでしょうか。私は、少しの決意ときっかけがあれば、公務員は自己の良心に従い立ち上がることは可能だと思います。長い公務員生活の中で誰でも一度や二度は『こんなのおかしい』と思うこと、さらに『許せん！　こんな不当なことがまかり通っていいのか』と怒ることがあるはずです。中には『いっそのことマスコミに告発しようか』と考えた人もいるでしょう。しかし、実際は、そうした局面に遭遇しても、家族と生活のことを考えてやけ酒で気を晴らして、また単調な日々へと帰っていく公務員たちのなんと多いことか。そして次第に不正を不正と思わないようになり、腐敗も『必要悪』と考えるようになるのです。

そうならないために、公務員が役所の内部や行政の問題を『個人』として社会に公にする行動（内部告発）の自由が認められるべきだと思います。

『内部告発』の威力は、この1年だけでも枚挙にいとまがないほどです。食肉の擬装表示（倉庫会社の社長や、食品会社の従業員の内部告発）、原発事故隠し（電力会社の社員の内部通報）、『ムネオハウス』（外務省職員が部内資料を国会議員に提供）、東京都前福祉局長の補助金不正受給加担（都職員の情報提供）など、内部の不正を知る者が語る事実、１枚の資料、１本のテープが会社や自治体をひっくり返し、不正を白日の下に曝したのです。

このコーナーでは、そんな期待を込めながら、公務員の『内部告発』の自由、そして権利と義務について、考えたいと思います。

（２００２年10月　日下部　雅喜　ＨＰ『福祉・介護オンブズマン』）

【コラム③】公務員の内部告発

（公務員の内部告発について、当時、私がホームページに書き記したもの）

①公務員の守秘義務～公務員が職務上知りえた秘密とは

地方公務員法では、「職員は、職務上知りえた秘密を漏らしてはならない。その職を退いた後も、また、同様とする」（第34条1項）と規定している。

これは、民間事業所の従業員に対する守秘義務（契約上のもの）とは異なり、守秘義務違反には刑事罰が課せられることになっている。また、守秘義務は他の服務規律と異なり、公務員を退職した後、本人が死亡するまで課せられる義務である。

何でもかんでも「秘密」か

行政内部で不正があっても、また、行政が監督・指導業務を通じて民間の不正を発見しながら隠蔽しているとき、個々の公務員には「守秘義務」を口実に緘口令が敷かれることがある。内部の不正や不正の隠蔽のために、「これは役所内部の秘密だ。漏らす奴は守秘義務違反だ」という論理である。

しかし「秘密」とは、単に行政当局が「これは知られたくない」とすることではない。「秘密」とは一般に了知されていないことであって、それを一般に了知せしめることが一定の利益の侵害になると客観的に認められるものに限られる。

隠蔽された不正は「秘密」にあたらない

主権在民の立場から言えば行政情報は、個人情報など一部を除き、本来は住民共有のものである。とくに、行政内部の不正や犯罪など、公益を侵害している事実については「秘密」として保護されるべき対象とは言えないだろう。

②刑事告発の義務～公務員は職務執行にあたり犯罪の事実を知ったときは告発しなければならない

職務遂行に際して発見した犯罪には告発義務がある

刑事訴訟法では、何人でも、犯罪があると思料するときは告発することができ、また、告発するか否かは本人の自由である（239条1項）。

しかし公務員については、「官吏又は公吏がその職務を行うことにより犯罪があると思料するときは告発しなければならない」と規定されており、告発が義務付けられている（239条2項）。また、その「職務を行うことにより」とは、必ずしもその犯罪事実の発見そのものが職務内容であることは必要でなく、「職務執行に際して」と広義に解釈することが通説であるとされている。

公務員が職務執行に際し犯罪事実を発見した場合に、必ず告発しなければならない拘束をうけるかどうかについては、通説は「義務規定」であるとしているが、「訓示規定」であるとする立場もある。

内部告発に応用できること

役所内部での不正や行政が放置している不正は公務員としての告発義務を遂行すべき

役所内部での不正が犯罪に該当すると考えられるとき、例えば上司が議員に入札価格を教えている（入札妨害罪）ような場合は、公務員として刑事告発の義務を果たすべきである。

また、行政が民間業者や団体の不正行為、例えば、虚偽の申請で補助金を不正に受給（詐欺罪）を放置しているような場合でも、本来は行政当局が行うべき刑事告発を行わないような時は、これも公務員個人として告発義務を遂行すべきである。

告発はどのようなものか

刑事訴訟法上、告発とは、捜査機関に対し他人の犯罪事実を申告し、犯人の訴追を求める意思表示である。告発は捜査の端緒となるものである。

③公務員の服務規律

「上司の職務上の命令に忠実に従わなければならない」―上司の命令は万能か

役所の中では、「上司の命令」が絶対であるかのような言い方をされ、不正行為隠蔽が組織的に「上司の命令」で行われることが多い。

法令遵守の公務執行が基本

地方公務員法は、「職員は、その職務を遂行するに当たって、法令、条例、地方公共団体の規則及び地方公共団体の機関の定める規程に従い、且つ、上司の職務上の命令に忠実に従わなければならない。」（第32条）と規定している。行政が国民・住民の意思、すなわち法令等に従って忠実に実行されることを担保するための措置である。

したがって、たとえ「上司の命令」であっても、明らかに違法又は公序良俗に反する命令には従う必要はない。

行政内部の不正は違法行為であることが多く、上司がこれを実行するように「命令」したり、隠しておくように「命令」してもこれに従う必要はない、というべきである。そのような違法な命令への不服従は服務規律違反にはあたらない。

「服務の宣誓」の原点に立ち返る

地方公務員は、就任の際に必ず「服務の宣誓」（地公法第31条）をする。すべての公務員はこれを思い起こされたい。

「わたしは、ここに、主権が国民に存することを認める日本国憲法を尊重し、且つ、擁護することを固く誓います。わたしは、地方自治の本旨を体するとともに公務を民主的且つ能率的に運営すべき責務を深く自覚し、全体の奉仕者として誠実且つ公正に職務を遂行することを固く誓います」

また、同法第30条がのべているように「服務の根本基準」は「全体の奉仕者として公共のために、全力を挙げる」ことにある。

④不利益処分〜職員の懲戒処分は法令に基づき、公正でなければならない

内部告発すると処分が……

「不正は許せないと思うが、懲戒処分されるのは困る」。公務員にとって懲戒の２文字ほど怖いものはない。場合によっては、職を失うことになりかねないので無理もない。

しかし、私企業の従業員に対する「制裁」と異なり、全体の奉仕者である公務員の懲戒処分については、地方公務員法は厳格な規定をしている。

「すべて職員の分限及び懲戒については、公正でなければならない」（第27条１項）。

「職員は、この法律で定める事由による場合でなければ、懲戒処分を受けることが

ない」（同条3項）。

したがって、「内部告発」即懲戒処分というわけではない。懲戒処分にあたるものは、①地方公務員法、条例、地方公共団体の規則、規程に違反した場合、②職務上の義務違反、職務を怠った場合、③全体の奉仕者たるにふさわしくない非行があった場合の三つに限定されている（法29条1項）。

行政内部の不正や行政による不正隠蔽に対し、内部告発をすることは、どれもこれに反するものでない。むしろ不正関与者や隠蔽関与者である上司や職員が対象となるものばかりであろう。

⑤「組織」と「個人」

「個人行動では組織が成り立たない」。公務員が「個人」として内部告発などの行動をしようとすると、『組織人』としての自覚を持て」と言われる。しかし本来、住民福祉と法の守り手であるべき地方自治体で、不正や腐敗が横行したり、幹部職員が特定業者・団体と癒着しているような異常事態の下では、法に定められた権利と義務に基づき公務員が「個人」として行動する権利が認められていいのではないだろうか。反動政府や保守自治体には不正や癒着はつきものであり、一部の利益のために犯罪行為すら隠蔽するということすら横行し、国民の行政への信頼を失わせ「組織を成り立たせなくしている」例は各地の警察不祥事で枚挙にいとまがないほどある。

「組織」と「個人」…。一見対立するように見えるが、少なくとも「住民の安全と福祉の保持」を目的とする地方自治体という組織の本来の目的に照らして、公務員が個人として行動することは、自治体組織を内部から正して立ち直らせていく原動力になるのではないか。

⑥住民の「知る権利」と公務員の「報告する権利」
主権者は住民であり、その「知る権利」は保障されなければならない。にもかかわらず守秘義務や組織規律を口実に公務員をしばり不正を隠蔽しようとする行政運営は民主主義の原則に反するものである。

この点では、自治労連（日本自治体労働組合総連合）が１９９７年に作成した「自治体労働者の権利宣言案」で「住民の基本的人権とプライバシーにかかわる事項を除き、自治体行政の現状と課題を住民に報告できる権利を有する」としていることは注目に値する。

公務員からの「反応」はサッパリ

当時、食品の偽装表示や原発事故隠しなどが、企業内から「内部告発」により、明るみになり社会問題化したことから、内部告発の制度化が叫ばれ始め、大阪では2002年10月29日、弁護士などの呼び掛けにより、「公益通報（内部告発）支援センター」が発足した。こうした動きもあいまって、内部告発者を保護する法制の必要性が認識され、2004年6月、「公益通報者保護法」が成立し、2006年4月に施行された。これにより、公益通報（内部告発）をした労働者（公務員を含む）は、通報したことを理由として解雇等の不利益な取り扱いを受けることがなされることのないように規定された。

2004年11月14日、テレビ朝日の報道番組「サンデープロジェクト」で「特集！追跡3年　内部告発者は守られるか～公益通報者保護法の〝落とし穴〟」が放映された。「企業や行政の不祥事を背景に2004年6月、ある重要法案がひっそりと成立した。『公益通報者保護法』という、日本で初めての内部告発者を守る法律だ。画期的な法律になるはずだったが…多くの内部告発者は、『密告者』『裏切り者』のレッテルを貼られ、解雇や左遷などさまざまな報復を受けてきた」という番組である。私も「内部告発者」の一人として2000年4月に行った『堺福祉会不正事件』の刑事告発とその後について、ビデオで出演させていただいた。この時だけは、あちこちから問い合わせや激励、取材申し込みが相次いだ。

しかし、残念ながら、公務員による内部告発の動きはその後も鈍く、私の「公務員への内部告発のすすめ」に対する反応はきわめて低調であった。ホームページでの「通報」や「相談」が2001年から3年間でわずか10件足らずであり、そのすべてが氏名も所属している自治体名・部署も明かさないものであった。法で「形式的」に保護されたかのように見えても、多くの公務員にとっては定年まで勤め続けることになる役所組織を「内部告発」することは、「一生もの」の覚悟がないと難しいのだろうと思う。この「敷居の高さ」の前にわたしの公務員への内部告発運動への呼び掛けは今日まで成果に結びついていない。

2　堺市における介護・福祉の不正とのたたかい

2000年4月に社会福祉法人監査担当を不当配転で追われたが、その後も堺市の福祉・介護業界を舞台とした不正事件との取り組みはそれこそ「個人」として続くこととなった。

〈1〉府会議員の一族の経営する3つの社会福祉法人による不正事件の追及（2004年まで）

2001年5月24日、生まれて始めて裁判の「証言台」に立った。大阪地裁で争われていた「公金不正流用損害賠償請求住民訴訟」である。被告は堺市内で施設を経営する三つの社会福祉法人（あすなろ会、そうび会、みささぎ会）の役員、原告は元堺労連事務局長の菊池進朗さんら堺市民5人。わたしは、堺市の「当時の監査を担当した職員」としての証人である。

事件の概要は、3法人が経営する四つの施設（堺福泉療護園、特別養護老人ホームつるぎ荘、藤井寺特別養護老人ホーム、石津川保育園）の日用品費・給食材料費を大幅に水増し請求する手口によって、堺市等が4施設に支払った公金（措置費・補助金）から少なくとも、1994年4月から1997年9月までの3年6カ月間で1億3685万円を不正に領得していたというものである。裁判は3法人に対し、不正領得した金額の返還を求めるものだった。

自民党府会議員に「配慮」し闇に葬る

この事件は、監査担当職員をしていた1997年9月に、他の施設より2倍～3倍高い給食材料費を発見したのがきっかけである。発注・購入・納品までを調べると、大掛かりな不正であることを把握した。堺市内の総合卸売市場などから安く購入していながら、3法人の理事長の親族が「取締役」となっているペーパーカンパニー「(株)富木市場」に一括発注したように見せかけて、その代金を2倍～3倍に水増しして出金し、本来の購入価額との差額を不正に領得するという手口であった。

私たち監査担当が役所に帰り上司に報告すると、当時の民生局長から「監査中断」を命令された。

この3法人はいずれも自民党の府議会議員の親族が理事長を務める同族法人だった。この年（1997年）10月には堺市長選挙があった。民生局長いわく「市長の選挙事務所にこの議員のところからも人を出してもろうてるし、この件しばらく預からせてれへんか」。

そして、放置させられること半年。監査を再開できたのは、翌1998年3月だった。法人側は「やばい」と思って、不正な給食材料費購入システムをすでに取りやめていた。堺市上層部は「この件は過去のこととして不問」という扱いであった。今まで不正にペーパーカンパニーへ払われた巨額な公金は返さなくていいというのか！　当時私は夜も眠れないほど悔しい思いをした。

このままでは闇に葬られる思い、「監査報告書」はだれが見てもわかるように証拠書類を付けて詳細に作成し、上司の決裁を得て「公文書」として保存しておくことにした。

さらにこの3法人は、他にも不正が次々と出てきた。施設建設の工事契約書と領収証を偽造し大阪府からの補助金を4700万円不正受給していた（あすなろ会）。架空職員（理事の妻）の名前を使い人件費名目で2540万円不正支出。事務長が特養ホーム入所者の通帳から3000万円を着服（そうび会）といったまるで不正の百貨店であった。この3法人の役員をつとめる府会議員の親族たちは一人あたり毎年50万円から150万円の「政治献金」を府会議員の政治資金団体に行っており、不正流用資金の還流の疑いまでもたれた。

堺市は、監査で発見された3法人の不正な公金流用について公表せず、法人に対する処分もなしですまそうとしていた。しかし、思わぬところから事態は展開し始めた。

公文書公開請求で不正が公に

1年後の1998年9月、堺福泉療護園で法人理事長による職員へのパワハラ、賃金カットが続発し、施設職員が堺労連の「労働相談」に駆け込んだ。施設職員から「施設で不正が行われているらしい」との訴えがあったため、堺労連は堺市に対して監査関係資料などを情報公開請求したのである。

ここで、私が1年前に作成して公文書として保管してあった詳細な「監査報告書」が日の目を見ることになった。堺労連は、公開された文書で給食費・日用品費・人件費の不正を確認し、さらに独自調査によって大阪府と堺市からの施設建設補助金の不正受給の事実も発見された。

堺労連は1999年1月、3法人4施設の不正流用公金について「堺市などに返還せよ」との住民監査請求を行った。同時にマスコミにも事実を公表した。こうして、私たちが監査で不正を発見してから1年以上を経て住民の手によって不正事件が初めて公にされたのである。住民監査請求が「却下」されたため、1999年3月、菊池進朗さん（元堺労連事務局長）ら5人が原告となり、3法人及び「（株）富木市場」役員らを被告として「公金不正流用損害賠償請求住民訴訟」を大阪地裁に起こした。

「堺市職員」として証言

原告側の請求により、「当時の監査担当職員」の立場で、証人として大阪地裁に出廷することになったのは、ちょうど私の堺福祉会告発から1年後の2001年3月である。

堺市上層部は慌てた。「日下部が証言すれば何を言い出すかわからない」。私は、堺市長宛に地方公務員法に基づき「証言許可」を請求した。これを堺市長は拒むことは法的にできない。

2001年4月、堺市長名で私宛に発行された「証言許可書」は、「条件」として「地方公務員法、民事訴訟法等関係法規に照らし、公務員としての本分をわきまえ証言を行うこと」と書いてあった。

証言許可書を発行した本庁担当課の課長に「公務員としての本分をわきまえ、堺市上層部が不正を隠した事実も証言しますが、かまいませんか?」と言ってやったが返事はなかった。

証言に正確を期すために、監査担当課に当時の監査資料を読み直したいので見せてほしいと頼んだ。何日か待たされたが、本庁の一室で監査担当課職員2名の「監視付き」で資料を読むことになった。3年前に自分自身が作成した公文書である。市の職員として証言するのに、監視されながらでないと読ませてもらえない。そのみじめな場面を設定した堺市当局の了見の狭さに怒りを覚えるとともに、事実をありのままに証言する決意を固めた。

2001年5月24日、証言台に立ち、宣誓書を読み上げ、署名・捺印。主尋問、反対尋問合わせて2時間に及ぶ証言の中で、私自身が監査で確認した不正の事実と発見の経過について語った。そして、当時の局長の命令で「監査中断」となったこと、その背景に3法人の各理事長と同族関係にある自民党府会議員への「配慮」が堺市上層部にあったことを、確認した事実に基づき包み隠さず証言した。

証言を終え、堺市上層部の命令により世間に明らかにできなかった真実について法廷の場で堂々と公言できたことで、3年間の「胸のつかえ」が下りた思いがした。「『公務員の本分』を貫いて証言しましたよ！」と本庁の担当課の課長に言ってやった。前年の刑事告発に続き、この証言で私は、またも堺市当局にとって「獅子身中の虫」となってしまった。

裁判では、不正流用そのものをめぐる論戦についてはこれで決着がつき、措置費の「法的性格」と「返還の法的根拠」に争点が移っていった。つまり、「いったん支出された措置費は精算不要」という行政解釈がまかり通っている中で、不正流用された公金をどうやって堺市に返させることができるのか等、その法的根拠をめぐって争われた。

不正資金の一部「返還」で裁判は和解

3年に及ぶ裁判を通じて不正の具体的事実が明らかになる中で被告の3法人側から原告へ和解の申し出があり、弁護団の話し合いの末、2002年7月26日「和解・解決」となった。和解の内容は、被告である社会福祉法人「あすなろ会」「そうび会」「みささぎ会」及び株式会社富木市場に次の4項目を約束させるものであった。

①3社会福祉法人は、本件経緯を踏まえ、社会福祉事業向上と施設利用者の処遇改善に

努力する。

②3社会福祉法人と富木市場は、堺市に対し、一定額の寄附を行う。

③3社会福祉法人と富木市場は、原告に対し、訴訟遂行等経費を支払う。

④富木市場は、「不当に高額であった給食材料購入費」の相当額を堺市の返還指導に基づき各施設会計に寄附(返還)する。

「不正流用全額を行政に返還せよ」という原告の要求からすればきわめて不十分な内容であるが、被告法人らが、堺市に一定額の返還(「寄附」)を行うこと、3法人が施設利用者の処遇改善努力を表明した上で、各施設会計に対して富木市場が過去の給食材料費の不当な水増し分相当額の返還を約束したことは大きな成果といえるものだった。堺市上層部が大規模な不正を監査でつかみながら、政治家への配慮から一切公表せず放置していた事件を市民の手で一定の解決を図ることができたのである。私の証言がその決め手となったことについて、本当の意味で「堺市への貢献」ができたと思っている。

不正事件その後——労組結成、元理事長追放

裁判の和解・解決から1年後の2003年11月に、堺福泉療護園のヘルパーステーションの職員さんたちから相談があった。

内容は、①施設建設費補助不正請求の責任をとって辞めたはずの元理事長が毎日施設に「出勤」し、わが物顔で運営を取り仕切っている、②ヘルパーに対し不当解雇を通告、③職員に対するパワハラを繰り返しているというものであった。

不正で引責辞任したはず元理事長が、施設を支配しているのである。なお、施設長にはその長女が就任しており、親族支配を堂々と続けているのだ。行政の監査がなめられている証拠である。これは、職場民主化によって、元理事長を追放するしかない。不当解雇やパワハラという不当労働行為には、労働組合を職場に作り外部から支援し社会的に包囲していくしかない。かつて自治体労働運動の第一線で活動していたときの感覚が私の中でよみがえった。

私は、堺労連と相談し、その職員たちの「労働組合」結成を援助した。2003年12月2日に堺福泉療護園労働組合が結成され、私も同席して堺市健康福祉局長へ事態の改善を求める要請を行った。翌年2004年3月に堺市は堺福泉療護園に対する監査を行い、この元理事長は、「施設への立ち入り禁止」となった。この労働組合は、一時期ヘルパーステーションのヘルパーの多数を占めるまでになった。

形の上では労働組合が元理事長を「追放」したことになったが、事態はそんなに甘くはなかった。元理事長の意向を受けた「労務屋」が法人の理事に就任し、あの手この手の組合つぶしを画策。さらに、労働組合の影響が強くなった「堺福泉療護園ヘルパーステーション」から仕事を奪い、ヘルパーを引き抜くために、元理事長が「有限会社」を立ち上げるなど複雑な事態となった。結局、組合の役員全員が職場を退職し、労働組合は「活動停止」状態となってしまった。

〈2〉不正介護報酬返還訴訟（2004年～2011年）

2つの内部告発

2004年10月のある日、堺市内のクリニックの元職員から「デイサービスセンターに看護師を派遣し、医師が診療したように見せかけ診療報酬を不正請求している」との内部告発が「市民グループ見張り番」に寄せられた。そして翌11月、そのデイサービスセンター併設ケアハウスの職員から私にも内部告発メールがあった。「デイサービスセンターに看護師が不在、週2回だけクリニックから派遣されている」という同じ問題である。さらに、「ケアハウス施設長、デイサービスセンター、ヘルパーステーションの管理者が不在」「ヘルパーがサービス提供していないものを介護報酬として不正請求している」という不正も知らせてくれた。

その職員に対して「なぜ、堺市の担当課に言わずに私のところにメールしたのですか」と聞くと、「市がきちんとやってくれると思えない。このままでは利用者さんが哀れです。オンブズマンなら何とかしてくれるのではないかと思いました」との返事だった。それこそ、何とかせねば、と考えたが、このケアハウス「シャルム出屋敷」を運営している社会福祉法人啓真会は、私も監査担当の時に監査に入ったことがあった。理事は幼稚園も経営しており、堺市の民間幼稚園の団体の役員であり、堺市の上層部ともつながりがある。

「管理者不在」で指定受ける

介護保険法令で、デイサービスセンターやヘルパーステーションなど介護保険事業所の管理者は「常勤・専従」と決められている。その人物は10㎞以上離れた場所にある幼稚園の「事務長」をしており、ケアハウス施設長・管理者は名目だけで「常勤」としての給与を得ているという。完全な法令違反であった。

これらについて、2005年1月に、当時介護保険の指導監査を担当している大阪府に「市民グループ見張り番」の松浦米子さんと出向いて証拠資料を付けて「内部告発書」を提出した。しかし1カ月たっても動きがないので、同年2月に堺市監査委員に「堺市長に対し5年分の不正受給相当額の返還を事業者に求めよ」との住民監査請求を提出した。請求人は、

「市民グループ見張り番」のメンバーで当時堺市会議員だった石崎義隆さんらである。堺市監査委員は、この請求を棄却したため2005年5月に大阪地裁に住民訴訟（不正介護報酬返還訴訟）を起こした。

大阪府は、同年8月にヘルパーステーションについては不正請求があったとして訪問介護事業所の指定取消処分を行い、啓真会は堺市に不正介護報酬542万円を返還、その後デイサービスセンターの運営基準違反についても介護報酬3135万円の返還となった。

しかし、「管理者不在」問題については、大阪府、堺市とも事態をあいまいにして指定取消処分も介護報酬返還もしなかった。裁判では、この点が最大の争点となった。介護保険事業所の指定申請書に管理者が別の場所の幼稚園の常勤の事務長である事実を記載せず申請しており、「偽りその他不正の行為」により指定を受けていることから受け取った報酬は全額堺市に返還されるべきものであることは明白である。

ところが、堺市は裁判で「管理者不在は軽微な問題」などと驚くべき見解をのべ「報酬返還の必要なし」と主張してきた。本来堺市の介護保険会計に取り戻すべき金を「返還不要」と裁判で主張し、不正事業者をかばうために、介護保険課に「専任」の職員まで配置し多額の弁護士費用まで公金から支出して地裁から最高裁まで6年間も争ったのである。

わたしは、その間、堺市の介護保険行政の末端で、高い介護保険料に対する高齢者の不満を聞き、堺市の介護給付費点検でわずかなミスのために報酬返還を迫られ途方に暮れる零細な介護事業者の愚痴も聞いてきた。一方で巨額の不正を働いた社会福祉法人である事業者をかばう堺市上層部の不公正なやり方は、力の強いものにはおもねる「堕落」というべきものであった。

まったくの無報酬で訴訟を引き受けてくれた弁護士の梅田章二先生、豊島達哉先生、青砥洋司先生、西念京祐先生らに感謝しながら、地裁で勇気を奮って証言してくれた元職員さんを励ましながら裁判をたたかった。

1億円の報酬返還の判決勝ち取る

2008年1月大阪地裁は、原告側が求めていた管理者不在による虚偽の指定申請の事実を認め、堺市から受け取った介護報酬の全額1億1587576円の支払を請求するよう堺市長に命じる判決を行った。判決は、管理者が「幼稚園の事務長を兼ねているために管理者要件を満たしていないことを知りながら、あえてその経歴を秘匿して本件各指定を受け、その結果、堺市から介護報酬の支払を受けたものとして、堺市に対し、当該報酬相当額の返還義務を負う」と判断し、すでに返還済み分を控除して1億1587576円の支払請求を堺市長に命じた。「ついに法の裁きにより不正事業者から1億円以上を取り戻せる」と私は弁護士さんたちと喜び合った。

堺市は控訴したが、2009年7月、大阪高裁も地裁と同様の判決を行い、堺市に1億円以上を事業者に返還請求をするよう命じた。

最高裁「形式論」で逆転判決

ところが最高裁は、2011年7月14日、一審・二審判決を破棄し報酬返還の必要なしとする「逆転判決」を行った。常勤管理者がいない事実を隠して、虚偽の指定申請を行い、不正に介護報酬を受けてきたという明白な事実が明らかになっているにもかかわらず、大阪府が「指定取消処分」を行っていないことをもって、不正事業者に対し、介護報酬の「返還義務がない」とする不当な判決であった。

大阪府のいいかげんな指定事務と監査姿勢を棚に上げた「形式論」というべき判決で、私の堺市を相手にしたたたかいは、最高裁で「逆転負け」となった。

〈3〉ケアマネジャー不正濡れ衣パワハラ公務災害裁判（2010年～2014年）

このたたかいは、「不正告発」というより、介護事業者の不正をただすべき堺市行政が歪んでいたため、その事業者指導部門における非常勤職員（ケアマネジャー）に不正の濡れ衣を着せ、パワハラをしたあげく、精神疾患を発症させ、解雇（雇止め）して職場を追い出したという事件をめぐるものである。

明るく頑張り屋だったKさん

そのケアマネジャー（Kさん）は、私と同じ南区役所の介護保険係で認定調査員（当時は週3日の非常勤）をしていた。3人の子を育てるシングルマザーで役所の勤務のない日は民間事業所でケアマネジャーとして働き、土日は病院で看護師として救急外来のアルバイトをするという頑張り屋さんだった。2000年4月から2006年3月まで一緒に働いたが、とても明るい女性でそのような苦労など感じさせない人だった。

その彼女が、2006年4月、堺市の「事業者指導室」に非常勤として採用されたのである。

介護給付費抑制を目的に「事業者指導室」設置

介護サービス利用の増加により介護サービスの費用（介護給付費）が急激に増加し、堺市は介護保険料を2003年度9・9％、2006年度には37・6％もの引き上げを行わざるを得なかった。介護給付の適正化の必要性が指摘され、２００６年４月に「事業者指導室」を設置した。私から言わせれば、巨額の不正事件の大物を野放しにしかばってきた堺市当局が、「給付適正化」とは笑止な話であった。

保険者である堺市がその実態を調査し、不正の摘発と事業者への適正化指導を行うことは当然である。しかし、悪質な不正が見落とされ、関係者が内部告発しても何の処分もなく報酬返還で済まされる事例があり、真に実効ある適正化指導や調査が行われているか、疑問視する声は多かった。

当時、「大阪社保協福祉・介護オンブズネットおおさか」が堺市に情報公開させた資料に基づき、この「給付適正化」の実態を調べた。２００６年４月~９月までに給付適正化調査により報酬返還させた「成果」の一部である。

訪問介護
院内介助　７件
待ち時間・保険適用外時間を差引いていない　５件
院内介助の必要性が計画に不明確　２件
複数外出等　９件
病院の帰りに買物等　４件

通院の待ち時間に買物　　1件
保険外目的地、複数外出　　3件（美容院でカラー等）
計画になく遠方へ日常生活品以外の買物同行　　1件
その他　　1件
散歩　　3件

これを見ると、「給付適正化」と称して、利用者にとって必要なサービスまで「不適正」とされ報酬返還指導される事例も多く含まれている。例えば「院内介助」については、その後、個別具体的な必要性があれば一定認められた。通院の帰りに買物に立ち寄るのは3年後に堺市は「可能」とする通知を出し、「散歩」にいたっては国・大阪府レベルでも「適切なケアマネジメントがあれば可」とされたものである。適正化指導といいながら、事業者に対する説明や指導なしに、実地に調査に入り、報酬返還のみを迫る指導のあり方には多くの事業者が萎縮し、サービス提供にも支障が生じるおそれがあった。こうした「給付適正化」で事業所から年間「1億円」報酬返還させるのが事業者指導室設置の目的と言われた。

パワハラ、そして不正の濡れ衣

Kさんは介護給付費調査員として、ケアマネジャーの経験を生かして、給付適正化指導の仕事をすることになった。仕事を始めて早々の5月に、事業者調査の現場で先輩調査員と意見対立になった。ヘルパーが外出困難な利用者を通院に外出介助する途中で買物に立ち寄るという事例である。先輩調査員は「2カ所への外出介助は認められない。報酬返還だ」とし、Kさんは「アセスメントもしっかりしている。1回の外出で通院も買物もするほうが合理的」と対立。先輩調査員は事業所職員の前でKさんを罵倒したという。それから、職場でKさんへのパワハラが始まった。

そんなとき、Kさんが前年（2005年）まで勤務していた「はるか在宅サービス」（訪問介護と居宅介護支援事業所）でヘルパーの不正請求（訪問サービスしていない日の架空請求）が発覚した。この事業所は、本人の知らないままKさんを唯一の「常勤ケアマネジャー」として大阪府に指定申請していた。同じ時期にKさんは週3日堺市で介護認定調査員をしており、常勤ケアマネジャーとして従事していないことは明白であり、同事業所は「不正な指定受領」として介護保険法に基づき介護報酬の全額返還を命じられても当然であった。ところが、「はるか在宅サービス」は訪問介護での不正請求1件のみの不正請求とされ、訪問介護事業所は指定取消処分を受けたものの、居宅介護支援事業所は自主廃業でその不正は不問にされた。

この一番大きな問題を中途半端にしたことが、Kさんに「不正関与の濡れ衣」を着せることになった。

Ｋさんは「はるか在宅サービス」で1年半パートのケアマネジャーとして勤務したが、不正請求には一切関与していない。それは、①Ｋさんが担当していた13人の利用者のプランには不正請求に結びつくような内容は一切なかったこと、②Ｋさんのケアマネジャーとしての仕事は、サービス利用の実績を入力するまでが仕事で、国保連への請求事務は一切タッチしなかったこと、③担当外の利用者のプランや利用状況を見る立場になく、それらの不正請求を知ることはできなかったことからも明らかである。Ｋさんは、不正事業者に勝手に名前を使われた被害者なのである。

堺市当局は、不正事業者の常勤ケアマネジャー不存在の虚偽指定申請を不問にしたことでこれらの真相を解明しないまま、Ｋさんを疑いつづけることになった。

解雇通告しうつ病に追い込む

Ｋさんに対して堺市当局は「その事業所でケアマネジャーをしていたのだから不正請求に関与していたのだろう」と決めつけ、そのような職員に事業所訪問はさせられないと、実地調査業務から外し、内勤事務を命じた、そして２００６年12月には解雇（雇止め）を通告してきた。

Ｋさんは事業所に対する実地調査を本務として採用されながら不正関与の嫌疑をかけられ、釈明の機会も与えられず、自分を疑っている上司（事業者指導室長ら）と同じ部屋で本来業務でない事務を終日座ってやらされるという精神的苦痛を長期間負わされた上に「クビ」を宣告されたのである。

Ｋさんから消え入りそうなか細い声で相談の電話を受けたのが２００６年12月20日である。

私は開設しているブログ「オンブズマン放談」に次のように投稿し公表した。

「濡れ衣解雇２００６／12／20　Ｗｅｄ　過去にケアマネとして週３日お手伝いに勤務していた事業所の不正が発覚したら、自分が常勤ケアマネとして届けられていて、不正請求の実行者の濡れ衣を着せられた。そのことが原因となって『雇い止め』解雇。とんでもない相談を受けた。行政の中途半端な処分の犠牲者である。徹底的にたたかうことにした」

この記事に対し、堺市当局はかなり慌てたようすで、当時の福祉推進部長がわざわざ職場まで電話をかけてきて「記事を削除しろ」と言いがかりをつけてきた。堺市職労と本人を交えて相談し、当局に強く申し入れた結果、12月28日に「雇止め」は撤回された。

雇い止め通告は撤回されたが、Ｋさんは、このことでひどくダメージを受け、職場に出勤することがさらに苦痛になっていった。私はＫさんに不正濡れ衣を晴らすために釈明書を書いて市当局に出すことをすすめ、Ｋさんは、何日もかかって「不正に関与していたかのような疑いはきっぱり晴らしてください〜『はるか在宅サービス』不正事件の全容解明を求めます」という釈明書を書きあげた。２００７年1月30日、書き上げた釈明書を私も立会い、福祉推進部長へ提出した。

部長は「2月中に返答する」と明言したにもかかわらず、ついに返事はなかった。Ｋさんは、精神的にますます追い詰められ、症状を悪化させ、ついに出勤不能となってしまった。

Ｋさんが、主治医の診断を受け、休みに入った２００７年2月22日当日のメールである。

「日下部さん、私は本当に限界です。職場は相変わらずコソコソ、いやな雰囲気です。◯◯さんが事業者の内部告発をしてきた話だけを聞き、辞めた（解雇された？）ケアマネさんには何も聞かず、悪者扱いしている話を聞いていると、私もこういうふうにされていたのだとオーバーラップして胸が苦しくなります。

役所に出勤の前日は一睡もできない日が続いています。今日も休んでしまいました。眠れない日が続き、自分でもどうにかなってしまいそうで、今日神経科に行きました。『不安抑うつ状態』との診断書をもらいました。明日からしばらくは病欠で休みます。といってもまだ診断書も出せていません。持って行かねばとは思うけど、気持ちが受け付けない…どうしても足が向きませんでした。釈明書に対する回答の期限（2月末）までは意地でも！

と、休みながらも頑張っていたけど、体の方が先に壊れてしまいました。

『Ｋさんのことであんなふうに動いて、日下部さんに迷惑がかからなかったらいいけどね』…○○さんが仲良ししている事務員さんに言ったそうです。どういう意味!?って腹立つけど…日下部さんにも要らぬ迷惑をかけているのかもしれません。ごめんなさい」

私はこれを読み返していて、Ｋさんが２００６年12月の解雇通告を期に大きく追い詰められ、職場でも孤立し、心理的に追い詰められていくようすがありありと浮かび、また、そうしたＫさんを支えきれなかった悔しさがこみあげてきた。

うつ病は公務災害と裁判

Ｋさんはその後1年間、病気休職となった。その間、２００７年8月に堺市に「不安抑うつ症」について、公務災害補償を申請したが却下となった。そして２００８年3月をもって事業者指導室は組織としては解消し、監査指導課に合併されることになり、また不適正事業所に対する訪問調査の業務もなくなった。堺市はこのことと、本人の「勤務不良」を理由で２００８年3月末をもって、Ｋさんを解雇（雇止め）とした。

病気で外出もままならず、ときには寝たきりになるというＫさんの状況の中で、堺市職労と堺労連の役員と何度も相談し、Ｋさん自身の「くやしい。人を病気にまで追い込んでおいてクビにした堺市の幹部たちは許せない」との思いを受け止め、2010年7月に堺市長を被告として公務災害認定を求める行政訴訟を起こしたが却下とされたため、堺市を被告として「公務災害補償を受ける地位」にあることの確認を求める訴訟を起こした。

裁判では病気を押して本人も出廷し、私も「意見陳述書」を提出して闘ったが、2013年6月13日、大阪地裁は、堺市当局の言い分そのままのような不当な判決を行った。Kさんの不正関与の嫌疑をかけたことについて、堺市で勤務する前だから「公務外のこと」とし、さらに仕事を取り上げたことについても正当化するような内容であった。

大阪高裁へ控訴して争ったが、これも2013年12月26日「控訴棄却」の判決となった。判決は、地裁の不当判決をそのまま踏襲し、「不正関与を疑ったのは、公務とは関係ない」と決めつけるものであった。本人は、不安抑うつ症を発症し、いまだに一進一退を繰り返す病状。弁護士との打ち合わせ会議にも出席できない状態。2014年末には、自殺未遂で、救急搬送されている。そんな状態の彼女に読ませたくないほどの「冷酷非道な判決文」であった。

2014年1月に開いた弁護団会議では、最高裁に上告してたたかうかどうかは、最終的には当事者である原告が決めることとなり、結局上告はしなかった。

私と同じ職場で、健康で意欲満々で看護師やケアマネジャーと掛け持ちで、堺市の非常勤認定調査員としても5年間も働いてきた人間を、濡れ衣を着せて、イジメ抜いた上で、使い捨てるという、堺市当局の起こした犯罪的行為を私はぜったいに許すことはできない。この思いは不当判決を何度読み返しても変わることはない。

（表１）日下部雅喜がかかわった刑事告発・裁判

提起時期・原告等	内容	説明
１９９９年４月。社会福祉法人公金流用損害賠償請求裁判。原告・菊池進朗さんら堺市住民。被告・堺市長。	３社会福祉法人の不正経理による１億３千６百万円の措置費不正流用事件。日下部雅喜が監査で発見するが、堺市上層部がもみ消し。情報公開請求で公になり、裁判（住民訴訟）となる。	２００１年４月、日下部雅喜は「元監査担当職員」として大阪地裁に出廷し「不正の全容と堺市の対応」について証言。２００２年７月、「一定額返還」で和解成立。
２０００年４月。社会福祉法人堺福祉会役員刑事告発。告発人・日下部雅喜。	社会福祉法人堺福祉会の２億３千万円の不正事件の実行者４人を堺市上層部がかばい幕引きを図ろうとしたため、「業務上横領罪」で、日下部雅喜が刑事告発。	２００２年12月、大阪地検、不起訴（起訴猶予）。２００３年６月、大阪第二検察審査会、「不起訴不当」議決。２００３年12月、大阪地検不起訴。
２００１年12月。福祉情報公開裁判。原告・豊島達哉弁護士。被告・堺市長	社会福祉法人堺福祉会不正事件関係の公文書の情報公開請求に対し堺市が「非公開」としたため、情報公開を求め裁判になる。	２００３年４月、堺市は関係公文書の大部分を公開。訴訟取り下げ。

２００１年５月。介護保険料違憲訴訟。原告・福井宥さん。被告・堺市。 ２００２年９月。介護保険料違憲訴訟。原告・酒井ひとみさん、近田二三子さん。被告・堺市、泉大津市。	介護保険料の賦課決定処分と年金天引き徴収が、憲法第14条（平等原則）及び憲法第25条（生存権保障）に反しているとして訴えた裁判。	日下部雅喜は「介護保険料に怒る一揆の会」事務局長として裁判支援。 ２００４年９月、日下部雅喜は「堺市職員」として大阪地裁に出廷し、介護保険料の問題点と高齢者に与える影響等について証言。 ２００５年６月、大阪地裁「違憲とは言えない」不当判決。 ２００６年５月・７月、大阪高裁「違憲とは言えない」不当判決。
２００５年５月。不正介護報酬返還訴訟。原告・石崎義隆さんら堺市住民。被告・堺市長。	ヘルパーステーション、デイサービスセンター、ケアプランセンターの管理者不在、人員基準違反、報酬水増し請求などで5年分の介護報酬返還を求めた住民訴訟。	日下部雅喜は「介護報酬の不正を許さない会」代表として裁判闘争支援。 ２００８年１月、大阪地裁「不正介護報酬１億円返還」判決。 ２００９年７月、大阪地裁「不正介護報酬１億円返還」判決。 ２０１１年７月、最高裁「返還義務なし」の逆転不当判決。

２００７年５月。堺市政務調査費返還訴訟。原告・日下部雅喜。被告・堺市長。	堺市が市議会会派Ｈに支払った政務調査費１０４５万円の返還を求める住民訴訟。	「市民グループ見張り番」のメンバーとして日下部雅喜が原告になる。訴訟取り下げ。
２０１０年７月。堺市非常勤ケアマネ公務災害裁判。原告・被害者Ｋさん。被告・堺市長。	堺市が事業者指導室に採用した非常勤職員（ケアマネジャー）を以前勤務していた事業所の不正事件関与を疑い、パワハラ・解雇予告を行ったためメンタル疾患（不安抑うつ症）を発症。公務災害補償を求める裁判。	日下部雅喜は、陳述書提出など原告を全面支援。２０１３年６月、大阪地裁「公務外」不当判決。２０１３年12月、大阪高裁「公務外」不当判決。

第3章

大阪社保協（福祉・介護オンブズネット、介護保険対策委員会）の活動

介護保険見直しを問うシンポジウム（2007年）

福祉・介護オンブズネットおおさかの総会（2005年）

私は、2000年4月以降、堺市の介護保険窓口で働きながら、堺市当局を相手に弁護士やごく一部の方の支援を受けながらも「一人」で闘ってきた。しかし、一方で、「大阪社会保障推進協議会」や「介護保険料に怒る一揆の会」の活動に参加できたことで、大阪府や国を相手にたたかう「舞台」と「仲間」を得ることができた。今思えば、堺市役所の中で一人で頑張ることができたのもこうした仲間があったからこそである。

1 福祉・介護オンブズネットおおさか

永和良之助教授との出会い

2000年8月、社会保障推進協議会（社保協）（注）近畿ブロックの主催で「福祉オンブズマン」の学習会が開かれることを知ったのでさっそく参加した。そこで講師としてお話しされた佛教大学教授の永和良之助先生の話は、まさに「目からうろこ」であった。福祉サービスの「質の保証」のためには、①サービスの具体的な内容と経理公開を含む徹底した情報公開、②利用者が異議申し立てでき、サービス改善を求め施設や自治体とも交渉できる仕組み、③常に介護現場に立ち入りサービスの質と利用者の声を聴く監査システム――などが必要との主張には全面的に賛同させられた。とくに、介護従事者に「内部告発義務」を法律で課しているスウェーデンの話は驚きだった。

【参考】

勇気ある女性の内部告発が制度を変えた（スウェーデン）

１９９７年10月、ストックホルム郊外の新しいナーシングホームで十分な職員がいないため入居者に褥そうが発症するなど不十分な介護がマスコミにスクープされた。23歳の看護職員サーラ・ヴェグナート（Sarah Wagnert）さんが内部告発したのである。テレビ報道の翌日には社会庁と市が監査に入り、その翌日には市はホーム委託先との契約を破棄した。告発したサーラは１９９７年のスウェーデンの「時の人」に選ばれ、スクープした記者には賞が与えられた。そして１９９９年1月には社会サービス法が改正され、ケアに従事する者は、事件が起こったときや十分な介護が行われていないときは、これを行政機関に「通報しなければならない」とされたのである。介護従事者に「内部通報義務」を課した法改正は彼女の名前にちなんで「サーラ法」（Lex Sarah）と呼ばれている（『新スウェーデンの高齢者福祉最前線』奥村芳孝、筒井書房、２０００年、１２２頁参照）。

私は、「これだ！」と思い、一参加者でありながら、講演後の永和教授を囲む懇親会にも厚かましく参加させていただき、かつて堺市の監査担当職員であったこと、不正事件の告発のことなどをお話した。先生は、愛媛県で県内の特別養護老人ホームの実態を、情報公開された監査資料から分析し公表したことで、老人ホーム経営者の団体ともめ、愛媛大学を去らねばならなかった経験も話され、すっかり意気投合した。永和先生いわく「スウェーデンなら日下部さんの行動は国民的称賛を受けているはず。その経験を生かしてがんばってほしい」と言われた。そして私が、「監視・告発型」の市民福祉オンブズマン活動を思い立ったのがこの場であった。

注）社会保障推進協議会（社保協）：日本の社会保障制度の改善をめざして、労働組合、医療、福祉関連の諸団体、女性団体などの組織が集まって、1958年に創設。共同して運動をすすめる組織で、1960年代の朝日訴訟、小児マヒから子どもを守る運動、70年代の老人医療費無料化の運動、80年代から今日にいたる医療、年金、福祉、介護などの改善運動をすすめてきている。県や地域に組織をつくり、地域の要求にもとづく運動をすすめている。現在、全国労働組合総連合（全労連）などの労働組合、全国保険医団体連合会（保団連）など民主団体が参加しており、47都道府県すべてに県社保協があり、市区町村を基礎にして組織している地域社保協も250の地域で結成されている。

「福祉・介護オンブズネットおおさか」の発足

大阪社保協の堀内清司事務局長（当時）が、私の提唱する「福祉・介護オンブズマン」

活動に賛同していただいた。彼は「一つだけ条件がある。事務局長はあんたが引き受けること」と言ってくれ、私も、自分が言い出したことなので引き受けた。２００1年4月28日、大阪社保協の「専門機関」という中途半端な位置づけであったが「福祉・介護オンブズネットおおさか」が発足し、事務局長となった。

介護保険の生み出した新たな問題

２０００年度から始まった介護保険制度は、介護サービスの利用者や高齢者にそれまでの老人福祉制度の下ではなかった新たな問題を生み出した。

第一は、介護の「市場化」に伴う問題である。「措置から契約への転換でサービス利用者と提供者とは対等な関係が確立される」「市場原理により利用者の選択を通じた適正な競争が行われ、サービスの質と効率性が向上する」——介護保険がトップランナーとなった社会福祉基礎構造改革でさかんに宣伝された「メリット」である。しかし、このことによって、非情で強欲な「市場の論理」が介護に持ち込まれることにもなった。

在宅介護サービスには営利企業が多数参入し、事業者数・利用者数とも大きく伸びた。しかし、その一方で「収益確保」のための「利用者獲得競争」と「囲い込み」が進行した。「ケアプランを依頼したら系列のサービスをセットですすめられた」——ある利用者から寄せられた苦情である。逆に「他の事業所のデイサービスを利用したいとケアマネに言ったら、『それならその事業所にケアプランをお願いしたら』と言われた」という苦情もあった。介護保険制度では「利用者による選択」が基本であり「対等な契約関係」が築かれるはずであった。しかし、情報も限られ、要介護状態というハンディを抱えた高齢者や家族が事業者を十分吟味して選ぶことは困難である。また、事業者の中にはそうした高齢者に付け込んで「囲い込み」を積極的に行っているところもあり、介護サービスは完全なビジネスと割り切り、高齢者を金儲けの対象として食い物にするような事業者も横行している。「契約」制度の下で利用者の権利を守り、良質で適切な介護サービスをどのように確保するのか、これは介護保険スタート時点から直ちに問われた課題でもあった。

第二の問題点として、高齢者の介護や生活問題の解決に対する行政の責任後退があげられる。市場原理導入と規制緩和は自治体行政の姿勢をも変質させていった。自治体窓口に介護サービスについて相談しても、「ケアマネに相談しなさい」と対応する職員も少なくない。中には「契約したのはあなただから事業者と話し合って解決しなさい」という、「自己責任」をふりかざす事例さえあった。

生活困難をかかえ、手のかかる利用者や苦情・注文の多い利用者は介護サービス事業者から嫌われ、介護保険法令で禁じられているはずの「サービス提供拒否」がまかり通っている。行政も「次の事業者を探せばよいこと」という対応で放置する場合が多く、「困難ケース」は引き受け手がいないこともままある。このような利用者の苦情等に対応する公的な利用者支援と権利擁護のシステムは大きく立ち遅れたまま推移した。

特別養護老人ホーム実態調査

「福祉・介護オンブズネットおおさか」は、弁護士・研究者・ケアマネジャー・介護職員・自治体職員からなる15人の専門家チームからなり、事務局を大阪社保協に設置し日常的な相談対応にあたる一方、各種調査、提言の活動を展開してきた。

特別養護老人ホームは、介護保険制度に移行したことによって、使途の限定された「措置費」による運営から使途が自由な「介護報酬」による運営となった。また、「原則常勤」とされた職員配置についても、「常勤換算方式」の導入により、各職種1名以上の常勤職員を配置すれば他は非常勤職員であっても差し支えないとする大幅な基準緩和が行われた。これらは特別養護老人ホームの運営を大きく変質させる危険性を持っていた。「オンブズネットおおさか」では、特別養護老人ホーム職員からの内部告発や入所者家族などからの苦情相談があったことを契機にして、介護保険後の特別養護老人ホームの実態を調査し、比較分析の上で公表する活動に取り組んだ。

各自治体のエリアごとにすべての特別養護老人ホームを対象として、行政（大阪府及び市）の保有する監査関係資料を情報公開によって入手し、その資料をデータ化して比較検討するという手法をとった。また、行政による監査結果についても一覧表にして指摘された問題点も明らかにした。さらに、施設の決算関係書類も比較分析し、利益率や人件費の比率なども集計分析した。

２００１年度は、大阪市内の特別養護老人ホームの監査資料を集計分析し、２００２年３月に「報告集会」を開催した。この活動は「わが町の特養を見てみよう。ウォッチング活動」として大阪市の各区や河内長野市、枚方市など地域において特別養護老人ホームの訪問調査活動にも発展した。

さらに、その後の5年間にわたって特別養護老人ホーム監査資料分析活動を継続した（２００２年度／大阪市の特別養護老人ホーム、２００３年度／堺市の特別養護老人ホーム、２００４年度／東大阪市の特別養護老人ホーム、２００５年度／枚方市の特別養護老人ホーム）。

各自治体別に特別養護老人ホームの調査分析を実施した結果、進む職員のパート化、大量の退職者、入所者の重度化の進行など「終（つい）の棲家」としての機能を失いつつある一部の特養や、膨大な利益を上げる一部の特養の実態が浮き彫りになった。

特に注目されたのは、施設間の大きな「格差」であった。特別養護老人ホームの比較調査では、介護職員数が少なく、常勤比率が低く、職員の退職者率が多い施設は、施設内での褥そうの発生者が多いという傾向があった。その一方でこうした施設は人件費が少ないことから利益率が異常に高いということも判明した。

２００６年度から「介護サービス情報公表」が制度化され、特別養護老人ホームの人員配置や運営状況のデータはインターネットで公表されるようになったため、「福祉・介護オンブズネットおおさか」としての監査資料分析活動を行っていないが、単なるデータの羅列でなく、利用者の視点から比較検討し、わかりやすく加工して配布するなどの取り組みが必要である。

介護事故問題の調査と提言

①介護事故は統計データなし

「福祉・介護オンブズネットおおさか」では、「福祉・介護１１０番」を随時開催するほか、事務局においても日常的に福祉・介護についての苦情相談や内部告発相談を受け付けてきた。その中で、介護事故に関する相談が多くあったため、介護保険のサービス現場の中での介護事故の発生状況やその後の対応がどうなっているのか調査をおこなった。その中で、厚生労働省レベルでも都道府県レベルでもこれまで介護事故に関する全数的な統計が存在しないことがわかった。

介護保険制度では、介護保険施設・事業者に対しては、その運営基準で介護事故が発生した場合に「保険者への連絡」を義務付けている。したがって、保険者（市町村）には、制度上は、介護事故がすべて報告されていることになるが、それを都道府県・全国レベルで集計したものがないのである。

②オンブズネットとして独自の介護事故調査を実施

「福祉・介護オンブズネットおおさか」では、大阪府内のすべての介護保険の保険者（41自治体）に対し、介護事故調査票を配布し、府内全自治体において行政に報告のあった介護事故の全容を初めて把握することができた。そこで、2005年8月に「介護事故研究会」を発足させ、介護事故の実態調査に以下のとおり本格的に取り組んできた。

・2000年度～2003年度／大阪府内の市町村に介護施設・事業所から報告のあった介護事故の件数を把握した。

・2004年度～2008年度／大阪府内の全市町村に報告のあった介護事故の件数、発生場所、事故種類、事故結果、事故後の行政の対応について調査、報告書を作成し、報告会をかねた介護事故シンポジウムを開催した。

この自治体当局へのアンケート調査活動の中で、多くの自治体が施設・事業所から提出のあった介護事故報告について件数の集計すら行っていないことが明らかになり、私たちを驚かせた。

ある自治体の担当課にいたっては「今までどこからも報告せよと言われていないので件数も数えていなかった」と平然と回答してきたのである。一民間団体である「福祉・介護オンブズネットおおさか」の調査によって、初めて大阪府内全自治体の介護事故把握の状況が集計されるようになったのである。

その調査のなかで大阪府における介護事故（施設・事業所から市町村に報告のあったものすべて）の実態がようやく明らかになった。

大阪府内では毎年3千件前後の事故報告があり、内訳は施設・居住系が約9割と大多数を占めている。事故の結果について、「入院」が5割近くを占め、利用者に重大な被害を与えており、「死亡」についても毎年60件～100件近くあり深刻な事態である。

一方で、介護事故に対する行政の対応は、極めて不十分であった。事故報告件数に対し、事情聴取回数はせいぜい5％程度、実地調査回数は0・5％程度にとどまり、何もしていない自治体も半数近くにのぼった。とくに介護事故の被害をこうむった利用者や家族との面談回数は、全報告件数の1％に満たなかった。

③大阪府ようやく介護事故報告マニュアル作成

２００５年8月、「福祉・介護オンブズネットおおさか」は、大阪府内市町村の介護事故報告の件数と内容を集計から、①市町村の中には事故報告の様式も取扱い要領もないところが半数を占めること、②大阪府は市町村への事故報告の集計すらしていないことがあり、大阪府として介護事故問題に対し責任ある対応をするよう求めた。とくに、大阪府として、事業者・施設から市町村に提出されている「事故報告書」の集計を直ちに行い、公表することや、事故報告の基準や取扱いについて定め、事業者及び市町村に周知徹底することなどを求め、積極的な取り組みを要請した。

その後も大阪府は、介護事故報告の集計を行わないまま推移してきたが、２００７年3月に大阪府健康福祉部高齢介護室長通知で、これまで介護事故報告の取扱いについて、「府内で統一されたものがない状況」とした上で、「介護保険事業所等での事故発生時の報告等の取扱い」を示した。報告書の様式も作成し、市町村が様式を定めていない場合は府の報告書様式を使用するように指示した。しかし、大阪府のこの措置は初歩的な一歩に過ぎず、今後、大阪府がすべての事故報告件数を集計することをはじめ、介護事故問題について本格的に取り組むことが求められている。

④介護事故問題について厚生労働省への提言

「福祉・介護オンブズネットおおさか」は、2008年1月に全国の都道府県に対し、「介護事故報告の把握体制についての調査票」を配布し、47都道府県中43から回答を得た。11県については、事故報告の取扱い基準についてまったく未整備であった。

県への報告については、①施設・事業者に対して、市町村への報告に加えて県（県の出先機関含む）への報告提出を求めているところと、②市町村に対し、県への全件の報告を求めているところ、③重大事故・基準違反の場合にのみ県に報告を求めているところなど、バラバラな状態である。

このように、各都道府県で大きな開きがあるのは厚生労働省の無策による。厚生労働省は2002年5月の全国課長会議資料で「市町村に対する事故報告を把握している県」としては8県をあげて以降、全国集計を行わないまま放置している。介護事故対策の前提である「実態把握」を全国的規模でおこなうためにも、全都道府県での集計・把握体制の構築は急務である。

「福祉・介護オンブズネットおおさか」は、2008年3月に開催した介護事故シンポジウムでは「安心・安全・尊厳の守られたケアのための提言」を採択した。

安心・安全・尊厳の守られたケアのための提言

２００８年3月20日　福祉・介護オンブズネットおおさか

１　厚生労働省は、事業者・施設から提出されている「事故報告書」の全国的な集計を直ちに行い、公表すること。

２　厚生労働省は、介護事故の全国的な実態調査を行うとともに関係者・専門家による調査研究を行い、介護事故発生の要因、介護事故の影響、発生防止の方策などについて明らかにすること。

３　介護サービス、施設の総点検を行い、運営基準、介護報酬について、事故を起こさない介護を実現するのに十分な水準に引き上げること。とくに、夜勤職員の配置基準の抜本改善をはじめ、施設職員の配置の大幅な改善をはかること。

４　施設・事業者や従事者の中にある「介護事故は起こるもの」という認識をあらため、「介護事故ゼロ」運動を促進すること。

５　介護従事者の養成・研修のプログラムに「介護事故防止」の内容を盛り込み、介護事故防止のための技術や知識を身につけさせること。
６　介護事故が発生した場合は、市町村と都道府県が連携して、調査・指導を行い、原因究明、損害賠償など被害者救済に行政として責任を果たすとともに、実効ある再発生防止策を確立すること。
７　国レベルで（仮称）「介護事故防止センター」を設置し、総合的な対策を推進すること。都道府県レベルでも「介護事故ゼロ」推進会議を設置し、取り組みの推進をはかるとともに、市町村レベルには「介護事故被害者相談窓口」を設置し、利用者保護にあたること。

その後、厚生労働省は、２００８年度厚生労働省老人保健健事業推進費等補助金事業として、株式会社三菱総合研究所に委託し「高齢者介護施設における介護事故の実態及び対応策のあり方に関する調査研究事業」を実施した。同調査の報告書では「事業所レベルから国レベルまでをカバーする報告様式の共通化・電子化の推進」「施設系、居宅系、地域密着型など多様なサービスへの展開」「データの蓄積、分析結果や対策事例の公表、活用方法の具体化」「定義・基準の統一等、運用面の課題の解決」という提言が行われているが、同省はいまだにそのような全国規模の介護事故情報の収集把握について具体化するにいたっていない。

この「福祉・介護オンブズネットおおさか」の活動は、2010年以降は専門家チームの未参加者の増大、事務局メンバーの交代などによって活動が困難となり、事務局長の私自身も介護保険対策委員会での介護保険改定問題への対応などに忙殺され、十分な活動が出来なくなっている。時折寄せられる、介護事業者の不正の通報や介護事故や虐待などの相談に応じるのが精いっぱいの状態となっている。

2 大阪社保協・介護保険対策委員会

介護保険改悪・給付適正化による弊害と「対策委員会」の発足

介護保険制度は、制度実施後5年の見直しとして、2005年の国会で法改正が行われ2006年度に実施された。また、増大する介護給付を抑制するために2004年度から厚生労働省が「給付適正化運動」を提唱した。

私はこうした介護保険の見直し・「適正化」の動きが、必要なサービスの取り上げにつながり、施設・居住系サービスの整備抑制による「介護難民」を生み出す危険性を持っていると考えた。

こうして大阪社保協の寺内順子事務局長と相談し、介護保険の制度改悪と給付抑制策に対抗し現場と地域の実態に立脚した運動を組織するため「介護保険対策委員会」を発足させた。

「介護保険料に怒る一揆の会」をはじめ「よりよい介護をめざすケアマネジャーの会」、「おおさかヘルパー連絡会」など介護従事者の組織や特別養護老人ホーム施設長や医療関係団体の代表による組織で、「考えつつ行動する」活動を展開してきた。

当初は、制度改定問題や介護報酬改定問題で厚生労働省への要望事項検討や改定の動きを現場に伝えるためのブックレットの編集・発行をおこなってきたが、２００５年の介護保険法改定後は、「介護保険見直しによる弊害に現場・地域から立ち向かう活動」へとその重点を移してきた。

そして、自己作成ケアプラン支援の学習会（06年４月）の開催と各地域での「セルフケアプラン支援」運動、「地域包括支援センター」の交流会開催（06年6月、９月）と機能強化を求める活動、「改正介護保険1年を問うシンポジウム（07年3月）、「サービス制限を考えるヘルパー・ケアマネジャーシンポジウム」（08年3月）、厚生労働省ケアプラン点検支援マニュアルを地域のケアマネジャーとともに活用する研修会（08年10月）、要介護認定改悪から利用者を守る対策講座（09年４月）などさまざまな活動を展開してきた。

大阪府のヘルパーサービス制限に対する取り組み(2007年~2010年)

自治体による「給付適正化」は、とくにホームヘルプサービス(訪問介護)に集中していた。要介護者の在宅生活に必要なサービス内容であっても自治体によって「介護保険の対象外」とするいわゆる「ローカルルール」が横行し、サービス提供の支障となっているのである。

「あれもダメこれもダメ」のQ&A

大阪府は2007年8月、ヘルパーのサービス制限を強化する「訪問介護サービス内容に関するQ&A」(以下、「大阪府Q&A」)を作成し事業者に配布した。

その内容は、ヘルパーの行うサービス内容について従来大阪府が認めていたことも否定し事細かな制限や禁止を持ち込むものであった。身体介護では、通院の帰りに道沿いにあるスーパーや商店に立ち寄って買物をすることは「不可」。

1回の外出介助は1カ所しかダメで、一度自宅に戻って出直さないと認めない、というのだ。そのほうがよほど時間と経費がかかるのだが、役人というのはそんなことは関係なくアホなことを言うものだ。

生活費を出金するために金融機関へ行く場合も銀行の中では「当該施設のスタッフが対応すべきであり算定できない」となっていた。介助者を配置している銀行の支店などどこにあるというのだ。

また、散歩介助禁止もさらに徹底し、認知症の利用者が精神的に不安定になったとき落ち着くために外出することも「気分転換のための外出は介護保険の対象にならない」という扱いであった。外出先の範囲でも、社会保険庁へ年金調査に行くための介助は認めるが、警察・裁判所はダメという訳の分からない線引きを持ち込んできた。

生活援助（家事援助）では、「季節的に使用する冷暖房機の出し入れや掃除」は「できない、介護保険外と考える」というものであった。これをそのまま当てはめれば押し入れからストーブをヘルパーが出すことも、扇風機を片付けることもできないことになってしまう。

ケアマネジャーの涙

これは同じ時期、私が区役所窓口で対応したケアマネジャーの相談である。

その利用者さんは、難病で全身が麻痺し、わずかに動く左手でパソコンを操作しているという。ケアマネさんいわく「朝ヘルパーが訪問した時、体調と気分がよかったら、その場で判断して車椅子を押して散歩に連れ出したい」「そんなケアプラン認めていただけませんか？」

「大阪府Q&A」では、ヘルパーの散歩介助は完全に「不可」で、堺市も同様に認められないという対応をしていた。

「個人」としての私は、この対応には反対だったが、「堺市職員」として仕事で対応するには「堺市」としての立場でしか言えない。わたしが区役所窓口で「ＯＫ」としたところで、本庁の指導監査や給付費調査でチェックされれば「介護保険対象外」として報酬返還となってしまうからである。本庁にもかけあってみた。「利用者の状況から判断して散歩介助は最適と考えられる。何とか認められないか」と食い下がったが、答えは「ＮＯ」。仕方なく、そのままケアマネさんに「堺市としてはそのケアプランは認められません」と答えた。

ケアマネさんは、「こんなに一生懸命に生きておられる利用者さんに、わずか20分ほどの散歩もさせられないなんて、何のための介護保険ですか！」「もうこの利用者さんの命は長くないいんです。時間がないいんです！」と涙を流して訴えられた。

私は、ケアマネさんに詰め寄られながら「役人は情けない」と思った。

こういったときは、「仕事外」の活動で改善させるしかない。私は、これが原動力になって、当時の「散歩もダメ」「通院帰りの寄り道もダメ」という大阪府の「訪問介護Ｑ＆Ａ」を撤回させる運動に取り組んだ。

現場のケアマネジャーとともに大阪府との交渉で改正させる

大阪社保協介護保険対策委員会として、２００７年10月、大阪府に対して「介護保険サービスについての質問・要望」を提出し、同年11月には、多くのケアマネジャーの参加で、大阪府の担当課と交渉を行った。大阪府は「ヘルパーの外出介助で通院帰りの立ち寄りは可能な場合もある」「散歩も市町村の判断で可能な場合もある」と口頭では柔軟なことを言う。事実上の一部修正であった。私たちはこの交渉議事録を大阪社保協のホームページに公開し、大阪府には「訪問介護サービス内容に関するQ＆A」の撤回と書き換えを繰り返し要求した。しかし、大阪府は口頭ではいろいろ言っても「『Q＆A』は撤回できない」という一点張りであった。

私たちは、さらにつてを頼って、「大阪府Q＆A」の内容のひどさをあちこちに訴え、国会で取り上げてもらうことにした。

２００８年5月20日、参議院厚生労働委員会で、日本共産党の小池晃議員が「大阪府Q＆A」を取り上げた。質問に対し厚生労働省（老健局長）は、「御指摘のように、法令に定める基準以上の内容を仮にこういう形で指導しておるとすれば問題である」と答え、改善を約束した。また、舛添厚生労働大臣（当時）は「場合によっては『犬の散歩』もヘルパーの仕事としてありうる」と答弁したのである。

「犬の散歩も場合によっては可能という厚生労働大臣答弁。人間の散歩がダメという大阪府はどうするのか!」。私たちは大阪府にとことん詰め寄った。

そして、ついに同年8月8日、現場のケアマネジャー・ヘルパー代表とともに、大阪府健康福祉部地域福祉推進室と話し合いを行い、「Q&Aについて、書き換えを行う」と約束させた。

ケアマネジャーの裁量を尊重する内容に改正

こうして2009年4月に全面書き換えされた大阪府の新「訪問介護サービス内容に関するQ&A」)が出された。指摘していたかなりの部分について変更が加えられ、そのほとんどはケアマネジャーの適切なケアマネジメントにより提供可能と読み取れる内容に書き換えられた。

代表的なものは、旧の「Q&A」で全面否定されたヘルパーの「散歩介助」で、適切なケアマネジメントにより「提供可能」とされた。また、外出介助の外出先の不当な制限もなくなり、通院帰りの買物も市町村が判断すれば可能になった。冷暖房機の出し入れなど生活援助サービスの制約も緩和され、利用者の個別の実態に応じて提供可能となった。

国会での厚生労働大臣答弁まで引き出したこの取り組みは、国レベルに影響を与え、2009年7月24日、厚生労働省は新たな通知(事務連絡)を発し、散歩介助について、「大阪府Ｑ＆Ａ」と同じ趣旨の「適切なケアマネジメント」により提供可能との見解を示すとともに、利用者の個別の状況に応じた適切な訪問介護サービスの提供を行うよう自治体に指示するにいたった。その後、「同居家族がいる場合でも一律に生活援助ができないわけではない」という厚労省通知（２００９年12月）、通院先での「院内介助」について「必要な場合は可能」とする通知（２０１０年４月）も出された。

こうして適正化の名でサービス制限一辺倒の流れは現場の声と運動で変えることができたのである。

こうした取り組みを踏まえ、翌２０１０年4月、私も執筆して『ここまでできる！ホームヘルプサービス～〝利用者の望む暮らし〟を実現するために』（大阪社保協・よりよい介護をめざすケアマネジャーの会編）を発刊した。

私はこの本をいち早く、利用者の散歩介助のために涙を流したケアマネさんに進呈した。ケアマネさんは「あの利用者さんはもう亡くなられたけど、みなさんの力で国の散歩介助を認めてくれたことはうれしい」と笑顔で答えてくれた。

【コラム④】 私の「恩師」 厚生労働省のNさん

ヘルパーのサービス内容の制限をめぐる取り組みの中で、「目からウロコ」の話をしていただいた人がいる。当時、厚生労働省近畿厚生局で介護サービス指導官をされていたNさんである。

2000年の厚労省通知「訪問介護におけるサービス行為ごとの区分等について」(老計第10号)を作成した担当者でもある。

「通院介助における『待ち時間』というのは、利用者が診察中でヘルパーが1人で待っている時間を言うのであって、ヘルパーが利用者を見守りながら待つ時間のことでない」

「庭の草取りなど、生活援助の『不適切事例』は、あくまで、利用者家族からそのようなサービスを依頼されてときに断ってもサービス提供拒否にならない、という趣旨であって、『一律禁止』ではない。利用者の生活に本当に必要なことは提供できる」

「介護保険の訪問介護で、利用者の日常生活に真に必要な援助でヘルパーができないサービスは本来ないはずである」

私たちが開いたケアマネジャー向けの研修会（大阪社保協主催「マスターケアマネ養成講座」）で2007年7月にNさんが言われたことである。

Nさんによれば、ヘルパーは本当に利用者のために必要であれば何でもできるのが、「介護保険制度の趣旨」だというのである。大阪府の担当者などとは雲泥の差である。

わたしは、厚生労働省の官僚は大嫌いだったが、Nさんに出会ってから見方が変わった。「制度を自分のアタマで考えて作る」のが国の中央省庁の官僚である。なので、制度の背景・趣旨を知り尽くしている。そして、その問題点まで認識している。介護保険制度を自分の手で作り、動かしているという自信にあふれている。この点、地方公務員は「制度」に縛られるばかりの存在である。制度そのものも理解せずにやたら杓子定規に運用したり、過度に厳しくするローカルルールはここから生まれる。

そして、Nさんからケアマネジャーへのメッセージである。

「制度は、オーダーメイドでなく、レデイメイド。実態に合わないところは運用で改善する必要がある」「制度に振り回されず、逆に制度を熟知し、振り回せるようになることが大切」「介護保険制度は利用者のためのもの、その利用者のニーズを代弁するケアマネジャーは一番エライはず。自信を持って制度の運用を」

Nさんは国家公務員でありながら、厚労省に批判的な私たちの学習会の講師を、全く無償で数多く引き受けていただき、終わった後も懇親会で本音のトークを聞かせてもらい、実に多くのことを学ばせていただいた。その後、東京に戻られ、内閣府に出向されたと風の噂に聞いた。しばらくして、ある団体主催で講師に来た別の厚労省の官僚に懇親会の席でNさんのことを話題にすると「あれはとんでもない奴だ」と言われた。案外、本音で行く言動が、厚労省内ではマイナスに評価されているかもしれないと思った。Nさんは、復興庁や内閣府で、震災復興や、子ども・子育て支援制度などで活躍をされているようだ。わたしの「恩師」の一人である。

役所のローカルルールに打ち勝つために

『ここまでできる！ホームヘルプサービス』は、自治体が国以上に厳しいサービス制限を行い、サービス事業所やケアマネジャーを締め付けることに対する「抵抗の手引き」でもあった。「ローカルルール」に打ち勝つためのポイントをいくつかあげておく。

①介護保険担当課の職員の特徴を理解しよう

・役人の特徴である「制度からモノを考え判断する」という悲しい習性がある（法令に

もとづいて仕事をするという公務員の立場から仕方がないにしても、そもそも公務員は「住民全体の奉仕者」であり、自治体は住民の福祉を増進させる義務があり、公務員は「主権が国民に存する憲法遵守」を宣誓しているのだが、そんな「理念」は日常では忘れて、目の前の「制度」が絶対になっている場合が多い）。しかし、そのわりに「制度」の趣旨を正しく理解せず、字面だけの判断で業務をこなす人も多い。

・介護やケアマネジメント、ソーシャルワークについて専門的知識を持っている人や現場経験を持っている人はほとんどいない（福祉について基本的見識を欠く者もめずらしくない。異動で担当者になっただけという場合も多い。したがって「熱意」や「探究心」よりも「前例踏襲」「ことなかれ主義」が蔓延しやすい）。

・「保険者の判断」が圧倒的な力をもっているが、そのことの影響をあまり自覚せず「軽く」考え対応する人や、逆にその「権威」をかさに来て対応する人などがいる（その人の個性もあるが）。

・日常的に「介護保険」にかかわっており、利用者、事業者・従事者、高齢者の声と毎日接触しているので、ある程度現状や問題点は「知っている」（理解しているかどうかは別）。それらに対して「何とか解決したい」という思いと「制度だから仕方がない」と役人根性を決め込むかはその人や時期により異なる。

・「介護保険」の「保険」制度の側面を一面的に強調する人も結構多い。介護保険をめぐって「高い介護保険料」に対する苦情が多く、「介護保険給付のムダをなくす」というムードが強い自治体もあり、職員の発想の中から「利用者本位」を忘れさせつつある傾向にある。

②対応のポイント

・まず、利用者の実態、必要性を正しく理解させる。

・「制度」については、表面的・形式的運用でなく、趣旨を踏まえた「人間的・人権的運用」を考えさせる。

・その役人のもっている「人間性」に働きかけると同時に、不当な言動には毅然と対応する。

役所に質問するときの7カ条

行政の締め付けが厳しくなると、何でもかんでも「まず役所に聞いてみよう」というケアマネジャーやヘルパー事業所が増えている。しかし、個々の利用者の状況を知らない行政に安易に判断を委ねるのは自らの裁量や専門性を否定することにつながる。

まずは、ケアマネジャーやサービス提供責任者が判断することである。このことを前提に行政に質問するときのポイントを以下にあげておく。

①「白紙」の状態で安易に聞かない（「ダメ」と言われたら何もできなくなる）。
②あらかじめ提供できる根拠・理由を考えて、それを「確認させる」というスタンスで聞く。
③電話して一般論として聞くよりも、個別・具体的事例で、必要性を明確した上で聞く。
④担当者が述べる見解・回答については、その根拠の説明を必ず求めるとともに「どこの次元の判断なのか」を明確に答えさせる。
⑤根拠が不明確な場合や、不当な解釈だという場合は、絶対に了承せず、納得できるまで質問する。
⑥示された見解・回答は、文書でもらうようにする（メモでも可）。もらえない場合は、こちらで記録にし、写しを渡して確認印をもらう。
⑦新たな判断が示され、他への影響が大きい場合は、自治体として他の事業者にも周知するよう求める。

自治体の介護保険担当職員へのメッセージ

以下は『ここまでできる！ホームヘルプサービス』で、自治体職員向けに書いたメッセージである。

「自治体職員のみなさん。

安易に『できない』と言う前に考えてください。次のことを考えてください。

・あなたのその判断には法令上の根拠はありますか？　介護保険の法令や国の通知などを十分把握した上で判断しましたか？

・利用者の個別の状況を把握した上での判断ですか？　サービス行為の内容だけで判断せず、個別具体的な状況で判断すべきと国の通知では指摘していますがご存じですか？

・あなたの一言でヘルパーがそのサービスをできなくなったとき、利用者はどうなりますか？　利用者の「尊厳の保持」「自立した日常生活」はどうなりますか？

これらのうち、一つでも欠けるときは『できない』と答えるべきではありません。あなたの何気ない『できない』という判断が、ヘルパーを利用して生活している要介護者にとっては、とんでもない結果をもたらすことがあります」

これは、自治体職員である私自身への自戒も含めたメッセージであった。何となく仕事をこなす、住民やケアマネジャーからの問い合わせに何も考えず機械的に対応する、こんな毎日の中で知らず知らずのうちに、「制度だからできません！」と簡単に切って捨てていることはないだろうか。現行の制度の中でも「運用」や「解釈」で少しでも住民ニーズにこたえることができることがある可能性もある。

個人の力量や知識は別として、せめてそのような問題意識とこだわりは毎日持ち続けたいものである。それが、自治体職員の存在価値であろう。

第4章

介護保険料を告発し続けた16年間

介護保険料違憲訴訟　大阪地裁前行動（2005年）

介護保険料不服審査請求学習会（2003年）

1　介護保険料の仕事

私は詐欺師？

『介護保険は詐欺である』。私が２０１４年12月に三一書房から発刊した本の書名である。その私が２０００年４月から退職までの16年間、堺市南区役所において主に担当した仕事が「介護保険料」だった。私は詐欺を仕事にしてきたことになる。介護保険は国民にとって「国家的な詐欺」なのである。このことを在職中に堂々と告発でき、高齢者とともに「介護保険料は憲法違反！」とたたかうことができたことこそ、わたしのささやかな誇りである。本章では堺市の木っ端役人であった私の仕事と介護保険料について書くことにする。

４万５千人の高齢者を管理する仕事

堺市南区は大規模な計画的市街地の「泉北ニュータウン」とその周辺の農地、集落地、丘陵地などからなっており、約15万人の人口の内、65歳以上の高齢者は約４万５千人で高齢化率は約30％となっている。今後も急速に高齢化することが見込まれ、高度経済成長期に造成された「ニュータウン」は「オールドタウン」へと変貌を遂げつつある。10年後の

２０２５年には団塊の世代が75歳以上の後期高齢者になることから、日本の超高齢社会の縮図のような地域である。

この４万5千人のほとんどが介護保険の「第1号被保険者」だ。私の仕事の一つはこの人たちの「異動」（転入・転出・転居、65歳への年齢到達、死亡）を管理することだった。これを「被保険者資格管理」というが、実際は住民票の異動データを日々チェックすることで管理し、毎週新たに介護保険の加入者となった人に「保険証」（介護保険被保険者証）を送り付けていた。

そして一番大切なのは、その一人ひとりの「介護保険料」を決定し、取り立てることであった。これを「保険料賦課徴収」というが、これも実際の保険料決定は市民税の所得データに基づき本庁でコンピュータのシステムにより一括して処理する。また、介護保険料の８割以上は「年金天引き」（特別徴収という）である。

４万５千人分の管理を行い、さらに日々発生する保険料変更や取りすぎた保険料の還付など人の手で処理しなければならない事務は山ほどあった。一人でアルバイトさんの手を借りながらこれらの事務をこなしていた。

理解が得られない介護保険料

一番大変なのは、この「介護保険料」が大多数の高齢者の「理解と納得」を得られないことである。

介護保険料は、40歳から64歳までは加入している健康保険を通じて集められる。しかし65歳以上になると住んでいる市町村が介護保険料を集めるようになる。そこからが私たちの仕事になるのだが、これがとんでもない仕組みなのだ。

まず65歳に到達する人全員に毎週1回まとめて「介護保険被保険者証」を送る。一応「保険証」なので、「これで何か受けられるかな」と思って、区役所に電話をかけてくる人もいる。しかしこの保険証では普通の人は1円の給付も受けられない、何の値打ちもないただの紙切れである。

私たちは「今は、何も使うことはありません。将来、万が一介護が必要になったときに備えて大切に保管しておいてください」とお答えしていた。

その介護保険証の次に送り付けるのが、「介護保険料決定通知書」と「納付書」である。その金額を見てほとんどの人がびっくりする。64歳までの介護保険料の2倍以上、多くの場合は3倍~4倍になっているからである。

たとえば、本人が無収入で、堺市内で、課税の夫と住むA子さんの場合、64歳までは堺市国民健康保険なので、国保料の「介護分」は、年間1万5720円（介護分均等割額）

だが、65歳になると堺市介護保険料では、６万６１９０円（介護保険料第４段階）と４・2倍に跳ね上がる。１カ月５５１５円となる。本人が所得無しか低所得（年35万円以下）の場合は、住民税がかからない「非課税者」であるが、介護保険料はこの非課税者でも必ず支払わなくてはならない。なぜ、住民税は1円もかからない人に年間６万円以上もの介護保険料を取るようになったか。ここに介護保険の第一の問題点がある。

「介護保険料」という脅し

毎週必ず、何人かの方から「怒りの電話」をいただく。「健康保険料を払っているのに何でまた保険料を払わんとアカンのか」「なんで収入の無いものからこんな高い介護保険料をとるのか！」

私たちは、「65歳以上の方は全員介護保険に加入して、決められた額の保険料を納めていただくことになっております」と説明するしかなかった。

中には「今は介護保険なんかいらん。介護保険証返すから保険料をとるな！」という人もいる。

これに対しては、「介護保険は全員加入ですので、脱退はできません」と答える。「わしは絶対に払わん！」という方もいるが、役所の側は一向にかまわない。なぜなら、年金を受給していれば、65歳になって半年〜1年以内に、何の手続きも本人の同意もなく、年金から介護保険料を天引き（特別徴収という）できるからである。こうなると、数カ月間は「払わない」という抵抗ができたとしても、年金天引きが始まってしまえば、本人はまったく抵抗できない。役所側は「どんなに本人が文句を言ってきても、介護保険料はそのうち年金から天引きで徴収できる」という気持ちがあるから、対応もおざなりになりがちである。

しかし、年金がない人や年間18万円以下の年金の人、年金を担保に借金をした人などは年金天引きが出来ずに、未納・滞納になる。この場合は、もしその人が要介護状態になり、要介護認定を受けた場合、①1年以上前の滞納があれば「償還払い」（介護費用はいったん10割自己負担）、②1年半以上滞納の場合は、給付の差し止め、滞納保険料と相殺で給付、③2年以上滞納がある場合は、時効になるが、その期間に応じて、自己負担は3割に引き上げられるという厳しい制裁措置が課せられる。

〝介護保険料を払っていないと、いざ要介護となった時、多大な負担がかかるぞ〟という脅しなのだ。

【コラム⑤】　堺市介護保険秘話――保険証の公印まちがい

65歳以上になれば全員に送られる「介護保険被保険者証」だが、これは要介護認定を受けない限り、1回交付されるだけである。健康保険証のように「有効期間」がない。要介護認定を受けた人は認定に「有効期間」（6カ月～24カ月）があり、そのつど介護保険証は切り替わる。しかし、その他の人はずーっと同じ保険証である。制度開始時点では「6年間」（2006年3月まで）の有効期間があったのだが、要介護認定のない介護保険証は使い道のない紙切れなので、厚生労働省はそれも無駄とばかり、有効期間をなくしてしまった。65歳になった時に1回だけ介護保険証を送り付ければ、毎年平均7万円もの介護保険料を取り続けることができる。まさに錬金術のような仕組みである。

ところで、堺市では2000年4月に制度が始まったとき65歳以上全員に郵送した介護保険証の印鑑（公印）を間違って印刷するというミスをした。保険者は「堺市」と印刷されており、本来は「堺市」の公印とすべきところを「堺市長」の公印を間違って使用したのである。

当時、私は、同じ堺市が発行している国民健康保険証と介護保険証の公印が違うことに気が付き、本庁介護保険課に「公印を間違って印刷しているが、保険証として無効ではないか」と言った。ところが「発行している堺市がこの公印で有効としているので有効である」というわけのわからない理屈で無視された。本来謝罪して回収・差し替えすべきところを知らぬ存ぜぬで、そのまま放置し、翌年から介護保険証をこっそりと「堺市」の公印に変えて新規発行してごまかした。10万人以上に郵送したが、気が付いた人はほとんどいなかった。そして2006年3月に全員の介護保険証の有効期間が切れたので、新たな保険証を全員に送り、「無事」にごまかしおおせた。

ところが、2013年11月、再び、同じ間違いをおかし、「堺市長印」を押した介護保険証を印刷し一部は郵送されるという事態が起きた。本庁介護保険課が介護保険証の印刷発注を新人職員に任せきりにしていたのが原因だが、今度は、早々にマスコミに公表し保険証の回収・差し替えを行い、担当した職員の処分までした。私たちが13年前に指摘した時は素知らぬ顔で押し通し、今度は、未来ある若手職員を処分する。なんとも首尾一貫しない不公平な対応である。

（図1）従来の高齢者福祉制度と介護保険の財源負担（居宅サービスの場合）

○介護保険以前の高齢者福祉制度（一般市町村の場合）

公費（税金）100%		
国50%	都道府県 25%	市町村 25%

○介護保険制度

保険料50%		公費（税金）50%		
65歳以上 （第1号被保険者） 22%	40歳〜64歳 （第2号被保険者） 28%	国25%	都道府県 12.5%	市町村 12.5%

注1）国25%負担の内5%は調整交付金であり、市町村の状況により増減され、増減分は65歳以上の第1号被保険者負担割合で調整する。

2　介護保険料の仕組み

ここで、介護保険料の基本的な仕組みについて説明しておく。

高齢者全員に介護費用を負担させる

２０００年度に介護保険がスタートする以前は、介護の費用は全額公費（国50%、都道府県25%、市町村25%）でまかなわれてきた。介護サービスを利用すれば所得に応じて利用料を払うが、利用しない人は全く負担はなかった。

介護保険制度では、公費の負担を半分に減らして5割（国25%、都道府県12・5%、市町村12・5%）とし、残りの半分を「介護保険料」として40歳以上の国民に負担させることになった（**図1**）。

(図2)65歳以上(第1号被保険者)の介護保険料の決め方(イメージ)

その市町村の介護サービスの費用総額×※22%
その市町村の65歳以上の人口（第1号被保険者数）

数値は3年平均で算出し3年ごとに見直す

※第1期（2000年～2002年度）17%　⇒　第6期（2015年～2017年度）　22%

65歳以上の高齢者の負担割合は約2割である。これは3年ごとに人口比率で見直されていくがスタート時は17%、現在は22%である。これは、その市町村の介護に必要な費用の22%を65歳以上の全員で割って負担させるという考え方だ（**図2**）。堺市では、この額は年7万3540円、月6128円（全国平均は年約6万6168円、月5514円）だ。

高齢者の中には、月5万円以下の年金で貯金を取り崩しながら爪に火をともすようにつつましく暮らしている人も多い。政府が75歳以上の後期高齢者1482万人を調べたデータでは、年金収入が年100万円未満の人は5割以上で、50万円～80万円が22%ともっとも多かったという。月に4万円～7万円しか年金のない人から年額6万円もの介護保険料はどれだけ重い負担か、考えてみれば分かるだろう。

8割が「掛け捨て保険」

高い保険料でも給付として帰ってくれれば納得できるだろう。しかし、介護保険は、「介護が必要」と役所が認定して介護保険証に書き込まない限りまったく利用できず１円の給付も受けられないのである。では、いったいどのくらいの人がこの認定（要介護認定）を受けているのだろうか。

堺市の場合、65歳以上で要介護・要支援の認定を受けているのは21％程度である。全国平均では18％程度にすぎない。あとの80％程度は、まったく介護保険が使えない人なのである。この人たちの介護保険料はまったくの「掛け捨て」である。

健康保険であれば、程度の差こそあれ高齢者の多くは医療を受け保険給付を受ける機会がある。しかし介護保険の場合は８割もの人がまったく給付を受ける資格さえないことのために、毎月毎月、なけなしの年金から保険料を取られるだけなのである。とくに65歳～69歳で要介護認定を受けている人はわずか３％、70歳～74歳でも６％にすぎない。90歳以上になってやっと71％なので、死ぬまでに一度も給付を受けない人も多い。これを介護保険制度が始まる時、政府の役人は「幸せの掛け捨て」と言ったそうである。寝たきりや認知症にならずにピンピンしていて「コロリ」と逝くことができれば幸せだろう。しかし、まったく使わない介護保険に年金を生涯削りとられ、貧しい老後をさらに貧しくさせられるのが「幸せ」なのだろうか。

高齢者同士のいがみ合いに

さらに大きな問題がある。それは高齢者の中に「対立」を持ち込むことである。国は、介護保険制度は高齢者同士の「助け合い」だと説明する。しかし、ごく一部の人しか使えないのに8割のまったく使えない人も含めて全員から保険料を取り立て、さらに際限なく引上げられる。それも市町村単位でこれが3年に1回繰り返されるのである。使わない人たちは、介護保険利用者のために自分たちの介護保険料が上がると感じ「あまり利用するな」ということになる。「助け合い」どころかいがみ合いの関係である。

当初の倍になった介護保険料

このような介護保険料だが、実は2000年4月の介護保険制度スタート時点では、65歳以上の人は「無料」で出発したのである。新たに課せられる保険料の負担に高齢者が「慣れるまで」の措置として、制度実施から半年間は高齢者から保険料を徴収せず、また、その後1年間は高齢者の保険料を半額とするという特別対策である。これは当時の与党（自民、自由、公明）が政府に介護保険実施の半年前に申し入れた選挙対策だった。予定では2000年4月から高齢者も全国平均で年3万4932円、月2911円のまったく新たな負担を課されることになっていたのだが、2000年に衆議院総選挙、2001年7

月に参議院選挙が控えていた。高齢者は若い人よりも投票率が高い。今までなかった保険料負担を課せられた直後の国政選挙での高齢者の投票行動は、与党に圧倒的に不利になる。そこで考え出されたのがこの特別対策である。

介護保険は、半年間「無料」、その後1年間は「半額」の保険料で高齢者の保険料負担への批判が国政選挙に影響を及ぼさないように姑息な手を使って「円滑」にスタートしたのである。

その後の推移は次のとおりである。

２０００年　4月〜9月　０円（無料期間）
２０００年　10月〜２００１年9月　全国平均月１４５５円（半額期間）
２００１年　10月〜２００３年3月　全国平均月２９１１円（ここから全額）
２００３年　4月〜２００６年3月　全国平均月３２９３円
２００６年　4月〜２００９年3月　全国平均月４０９０円
２００９年　4月〜２０１２年3月　全国平均月４１６０円
２０１２年　4月〜２０１５年3月　全国平均月４９７２円
２０１５年　4月〜２０１８年3月　全国平均月５５１４円

「タダ」ではじまった介護保険料が、半年後は１４５５円、1年半で月２９１１円になり、それから14年で1・9倍にまで上がり続けた。何も知らなかった多くの高齢者は最初からだまされて「介護保険」という船に乗せられたようなものだ。

堺市では、これよりも高く2011年10月の3367円から2015年4月で6128円と1・8倍になっている。

「年金が下がっているのになぜ介護保険料が上がるのか」。誰もが抱くまっとうな疑問である。しかし、介護保険料は、年金が少しばかり下がろうが上がろうが何の関係もなく上がり続ける仕組みなのである。

介護保険料をいくらにするかを決めるのは市町村である。そして市町村は3年間の介護サービスの利用がどのくらいになるか見込みを立て、介護費用がいくらかかるか計算し、高齢者の保険料負担分をはじき出す。全国の市町村は3年に一度この作業を行い、介護保険料を決めるのだが、高齢者が増え続けているので介護サービス利用者は増える一方である。だから、介護保険料は3年ごとに値上げが繰り返されることになる。政府は、現在平均月5514円の介護保険料が9年後の2025年には8165円程度と、1・5倍程度になると公言している。まさに際限のない値上げの仕組みなだ。堺市では10年後には9500円程度と、当初の2・8倍になる見込みである。

3　高齢者の怒りと苦しみと「介護保険料一揆」

「年寄りは早く死ねというのか」――介護保険料に大きな怒り

「長年にわたって働いてやっと手にしたわずかな年金から介護保険料を天引き」「無収入・無年金でも保険料が取られるのか」「老人医療費が大幅に上がってさらに介護保険料で追い討ち。年寄りは早く死ねということか」――。65歳以上の介護保険料徴収が開始された2000年秋、私が毎日、役所の窓口や電話で聞いた高齢者からのお叱りである。堺市では1万3千件もの苦情が市役所に寄せられ、全国の市町村窓口も騒然となった。それまで、低所得で市民税非課税の高齢者は年金からの天引きなどというものに縁がなかったから当然である。

あるおばあさんから「あなた今何時代だと思っているの！」とえらい剣幕で言われた。私が「平成12年で西暦2000年ですが…」と答えると、おばあさんは「何言うてんの！あんたらのやってることは江戸時代の悪代官と同じやないの。人が汗して働いて長年貯めた年金を勝手に引くなんて。この年金ドロボーが」と怒鳴られた。また、あるおじいさんは「医者代も上がってるのに年寄りばっかし苛めて…。なんぼ年寄りがおとなしい言うてもやりすぎや。昔のお百姓もあんまり苛められたら一揆起こした。あんたら役人も年寄りをなめとったらあかんで」と捨て台詞を吐いて帰っていった。また、「こんな使いもせん介護保険料なんて誰が決めた？　わしゃ直訴したいが、どこへ行ったらいいか教えろ！」と一人でつかみかからんばかりに怒りをぶちまける人もいた。

私はこの怨嗟の声を聴きながら、「この介護保険制度はまちがいだ」と強く確信した。さらに２００１年10月からの「満額徴収」＝保険料２倍化は、多くの高齢者の怒りを呼び起こし、それから３年に１回繰り返される介護保険料の改定（引き上げ）のたびに、窓口や電話でこの声を聴き続けた。

福井宥さんとの出会い

２０００年11月、当時65歳を迎えたばかりの福井宥（ひろし）さんに出会った。福井さんは、現役時代は大阪府の職員で、私も一時期専従役員をしていた大阪自治体労働組合総連合（大阪自治労連）の初代委員長でもあり、10年以上前から知っていた。公的介護保険制度が議論されていた１９９５年当時、大阪労連の議長をしていた福井さんは、「高齢者介護への保険方式導入反対」論者だった。日本共産党が１９９５年12月に発表した見解で「措置制度と保険制度の組み合あわせで低所得者が排除させないようにする」「保険料負担の公正さをはかる」と、介護保険制度「容認」の立場に立った後も、大阪社保協や大阪労連は「介護保険反対」の立場で論陣を張った。福井さんたちは中央社保協や全労連などの会合の場で「介護保険制度反対」を主張していたが、受け入れられなかった。

そして、介護保険制度開始・高齢者の介護保険料徴収開始の時期にちょうど65歳となった福井さんは、自ら「介護保険制度とのたたかい」に老後の人生をかける決意をされた。福井さんは堺市民だったので、私に電話をかけ、喫茶店に呼び出した。

「カベちゃん。私は11月に65歳になる。堺市が介護保険料の通知を送ってきたら一人で『不服審査請求』をやろうと思っている。どうや！　いっしょにやらないか」

高齢者の多くは、いきなり始まった介護保険料の年金天引きに怒りと不満を持っている。残念なことに、高齢者は「未組織」状態であり、これを世論や社会的な運動にする手段がなく、世間からはまったく問題視されていない。

しかし、「介護保険料賦課徴収決定」という「行政処分」には、行政不服審査制度があって、異議があるときは不服審査請求ができる。審査請求には行政は「弁明」しなければならず、審査され、その異議申し立てが妥当かどうか審査会が「裁決」してくれる。しかも、裁判とちがい、費用もかからず弁護士もいらずだれでもできる。そこで、福井さんが考え付いたのは、介護保険料に不満をもつ高齢者全員が不服審査請求を出すことを運動として取り組んだらどうかということだった。

私は、目の前がパーッと明るくなった。「うん！ぜったいにやりましょう」全国で何十万人、何百万人という高齢者が介護保険料に怒っている。2000万人（当時）の高齢者のうちたとえ5％の100万人が不服審査請求を行えば、介護保険料はたちまち一大問題となり、世論は沸騰し、内閣も打倒できる。2人で時間も忘れて「高齢者蜂起」の夢を語り合った。

そこで、思い出したのが役所の窓口で聞いた「直訴」「一揆」という言葉だった。当時、私の故郷の岐阜県を舞台にした、江戸時代の農民のたたかいを描いた『郡上一揆』（神山征二郎監督、2000年）という映画もあって、上映運動に取り組んでいた。私はピンときた。江戸時代の農民のようなたたかいを高齢者とともにやろう。「これは介護保険料一揆だ！」「ペン一本で直訴ができる不服審査請求」「集団不服審査請求は現代の一揆」。そして、私は「悪代官」ではなく、「木っ端役人」として、役所の中にいながら、介護保険料一揆に連帯してたたかおう。こう考えると毎日役所の窓口や電話で寄せられる怒りの声がまったく苦にならなくなった。役所のカウンターの中にわが身はあっても「心」は、介護保険料に怒り苦しむ高齢者とともにある。そして、仕事時間中にいただいた介護保険料への怒りの声は、私の自由な時間に行う「介護保険料一揆」の活動に生かしていく。これが福井さんとの活動の中で見つけた「木っ端役人」の生き方となった。

たった1人の不服審査請求

2000年11月、福井さんは65歳の誕生日直後に送られてきた堺市長の「介護保険料決定通知」に対して、大阪府庁で「介護保険料不服審査請求書」を提出され、府政記者クラブで記者会見をした。

たった一人で行った不服審査請求だったが、新聞・テレビで報道されると福井さんの家の電話は鳴りっぱなしになった。「よくやってくれた」「ワシも介護保険料天引きには腹が立っている。どうしたら不服審査請求ができるのか」など大反響だった。相談にくる高齢者の中には「電車賃にも事欠く生活で審査請求書を出しに行く交通費ももったいない」と言う人や、相談に喫茶店に入っても「コーヒー代がもったいない」と水だけで話し込む人もいた。

「わずかな年金で爪に火をともすようにつつましく生活している高齢者から問答無用に介護保険料を天引きするやり方に大きな怒りを覚えた」

当時の福井さんのことばである。

介護保険料裁判、1256人の集団不服審査請求へ

不服審査請求を大阪府介護保険審査会が「棄却」すると、2001年5月に福井さんは大阪地裁に「介護保険料は憲法違反」との訴訟を提起し、マスコミは大きく報道した。そして同じ時期に第2次の審査請求は110人、同年8月の第3次審査請求には1256人が審査請求を行った。そして同年9月には大阪府内の高齢者を中心に「介護保険料に怒る一揆の会」が結成されたのである。「一揆の会」は「介護保険料に異議あり!」を合言葉に一人でも入れる自主的な会である。会の目標は、「介護保険料の廃止、抜本的見直しをめざす」と明記した。なお一律の会費はなく自主的カンパだけである。次が「一揆の会」結成の呼び掛け文である。

【介護保険料に怒る高齢者一揆をはじめよう!】

『一揆』とは〝こころをひとつにし、力をあわせること〟

非道な介護保険料について怒れる高齢者は圧倒的多数ですが、現役を引退した方が大半で、地域でひっそりと生活されている高齢者が多い中では、組織的な運動には発展していません。

わたしたちは、介護保険料に怒りや疑問を持つ多くの高齢者の声を集め、介護保険の抜

本的見直しをさせるために、合法的な「直訴」である介護保険料不服審査請求への参加を呼びかけるものです。

その昔、江戸時代の農民は、幕藩体制の圧政下で、重税に反対し「直訴」するときは死罪覚悟でしたが、21世紀の現代はちがいます。国の主権者は国民であり、そのひとつの権利として行政不服審査制度があり、介護保険法にも不服審査請求が定められています。

ペン一本で『直訴』ができる時代、一人でも多くのみなさんが、介護保険料を見直すための『高齢者一揆』（集団不服審査請求）に加わっていただきますよう呼びかけるものです。

２００１年９月

不服審査請求運動その後

こうして始まった「介護保険料一揆」（集団不服審査請求運動と裁判闘争）だが、当初めざしたのは、政府をゆり動かすような高齢者の全国的な決起であった。全国津々浦々で高齢者の「声なき声」に火が付き、怒りが広がればたちまち何万、何十万という不服審査請求が広がり、介護保険料問題が政治問題化すると考えた。「全高齢者の5％、１００万人が審査請求に立ち上がれば内閣を打倒できる」。だが、この福井さんと私の目標はそんなに甘くはなかった。

全国的広がりについては、福岡県で「介護保険に怒る福岡県一揆の会」が同時期に発足し、地元マスコミでも大きく取り上げられ、数百人の集団不服審査請求を毎年行い、福岡市の介護保険担当課との交渉や福岡県介護保険広域連合への保険料引上げ反対運動などを活発に取組んだ。また、兵庫県、京都府、奈良県、和歌山県、滋賀県の近畿各県でも年金者組合を中心に数十件から数百件規模の審査請求が行われるようになった。東京でも一時期、「関東・高齢者一揆の会」が集団不服審査請求運動を取組んだが、その後は大きく発展しなかった。このように、確かに一定の広がりはあったものの、政府を揺り動かすような規模にはいたらなかった。それは介護保険制度が始まった当初は、まだ介護保険料は今ほど高くなく、介護サービスも抑制がされておらず、まだ介護保険制度を評価する人が多かったためである。

4　介護保険料は憲法違反

「介護保険料違憲訴訟」を取り組む

不服審査請求は、介護保険料決定という「行政処分」に対し、「違法・不当」があるかどうかを争うものなので、市町村の保険料決定に法的誤りがなければ審査請求は「棄却」とされてしまう。たしかに「不服を言う権利」を行使し、行政に「弁明」をさせ、こちらは「反論」ができ、どちらが正しいか「裁決」も下されるが、介護保険法そのものや保険料決定の制度は、審査会の「判断対象でない」とされてしまうのである。法や制度そのものの不当性や違憲性を問うのは裁判でないとできない。

「一揆の会」では、不服審査請求運動の土台の上に、2001年から2006年にかけて「介護保険料は憲法違反」として裁判闘争を取組んだ。原告は、福井宥さん（堺市）、そして、月額2万7千円の年金から介護保険料を引かれた酒井ひとみさん（堺市）、月額3万4千円の年金から介護保険料を引かれた近田三三子さん（泉大津市）の3人である。

私たちの主張は、①介護保険料は、無収入者と高額所得者の差がわずか3倍と極めて逆進性が強く憲法第14条の「平等原則」に違反している、②老後の生活を保障する年金から保険料を天引きすることは年金受給権と生存権を脅かすものであり、最低生活も保障しない月額1・5万円の低年金者から天引きは二重に不当なものであり、「健康で文化的な生活」を保障した憲法第25条に違反している——というものであった。裁判は、地裁だけで口頭弁論は36回に及び、地裁敗訴後は大阪高裁に控訴したが、2006年5月と7月の大阪高裁判決で「敗訴」となった。負けはしたものの、裁判所に介護保険料段階設定の不平等さについては、一部問題があることを認めさせ、2006年の介護保険制度改定において、「年金80万円以下」の低所得者の保険料段階を軽減させる力となった。

福井さんの遺志をついで

介護保険料一揆を呼びかけられ、自ら「一揆の会」代表として、介護保険料裁判の原告としてたたかっていた福井さんだったが、裁判を始めて1年半後の2002年秋に「肺がん」と診断された。

入退院を繰り返しながら、闘病生活に入られた。病院に見舞いに行くと「介護保険料裁判のこと頼むぞ。あんたは自治体労働者の鏡や」と野太い声で励ましてくれた。私は「わかりました。『一揆の会』のみなさんと介護保険料がなくなるまで、何があってもやりますよ」と返答した。

福井さんはベッドから起き上がってわたしの手を握って「頼んだぞ」と言われた。

これが私と福井さんが交した最後の言葉になった。2003年8月21日、介護保険料裁判の結末も見ないまま「原告」として、たたかいの志半ばに68年の生涯を閉じられた。

その2カ月後の同年10月21日に開かれた「介護保険料に怒る一揆の会第3回総会」で、わたしは「一揆の会」事務局長を引き受けた。現役公務員で介護保険料を担当業務としている身でありながら、「介護保険料は憲法違反」と裁判までやっている団体の事務局長をやるのはまずいのではないか、という忠告をしてくれた人もいた。しかし、福井さんと2人で語り合った「高齢者蜂起」のワクワクするような夢と、病院のベッドでわたしの手を握りながら「介護保険料裁判のこと頼む」といった福井さんの最後の言葉を裏切ることはできなかった。むしろ現役公務員として介護保険制度の細部まで知り尽くす立場にある私が事務局長に座ることで、高齢者の運動もより発展するのではないか、と考えた。

こうして、公称400人の高齢者からなる「介護保険料に怒る一揆の会」の運動の先頭に立つことになった。私自身は「介護保険料一揆に連帯する木っ端役人の会」を名乗り、自治体職員に参加を呼びかけたが、応じてくれる人はいなかった。

なお、福井宥さんが原告となっていた介護保険料裁判は、妻の福井孝子さんが承継してその後、大阪地裁、大阪高裁判決まで続けた。

2006年5月11日の大阪高裁で敗訴判決を受けた後の報告集会で、福井孝子さんから聞いた話がある。福井宥さんが亡くなる前の2003年8月1日、PLの花火が病院の窓から見えた時のことだった。

「花火を見ながら『もう一花咲かせなアカンね』と言うと夫は『裁判にもあんなに大勢の仲間が参加してくれ、〈一揆の会〉の組織も出来上がった。もう思い残すことはない』と夫らしくないことを言いました。でも、今思うと、介護保険がこんなに改悪され、介護保険料がこんなにも上がり、怒りと運動が全国に広がっている。裁判を闘って本当によかった」

その福井孝子さんも、裁判が終結した1年後の2007年10月21日に、すい臓がんのため亡くなられた。9月に横浜で開かれた日本高齢者大会に参加されていたのに、その翌月に急逝された。

【コラム⑥】福井さん夫妻をしのぶ

（ブログ「オンブズマン放談」2007年11月23日金曜日）

先月急逝された福井孝子さん（「介護保険料に怒る一揆の会」世話人、介護保険料違憲訴訟原告）の「偲ぶ会」があった「一揆の会」の面々と一緒に参加させていただいた。

4年前亡くなられた夫の福井宥さんの骨壺と孝子さんの骨壺二つが仲良く並ぶ祭壇。遺影は退職記念パーティーのときに夫婦2人で撮った写真。

福井宥さんが亡くなられたすぐ後、おうちにお邪魔したことがある。

「お墓はどうされるんですか」。「お墓に入れてしまったら1人でかわいそう。私が死んだらその骨と一緒に海に散骨するわ」と言っておられた。本当にそのとおりになってしまった。

偲ぶ会には、地元の方がたくさん顔を見せられた。

「介護保険料のことで福井さんに声をかけられ、審査請求を知った。もっともっと教えてほしかったのに」という方、「年金のことで相談したら、社会保険事務所まで一緒に行ってくれて話をとおしてくれた」と感謝を述べられる方。

地を這うように、地域の高齢者と奥深くお付き合い、そして、手を差し伸べ、共感の輪を広げ…。

夫・福井宥さんが、「社会保障改悪の犠牲になる高齢者の声無き声を、結集し、行政を動かすのが一揆の会」と語っていたことを思い出す。

介護保険料裁判の原告を引き継いだだけでなく、その活動も見事に引き継がれている。

福井孝子さんの後輩にあたる大阪府職労婦人部の面々が、孝子さんの若かりし頃のスーパーウーマン、女性闘士としての日々や、青年活動家たちの面倒をみてくれたという思い出を語る。

30歳を過ぎても髪を腰くらいまで伸ばしたロングヘアで、ビールは大ジョッキを一口で飲み干し、タバコはスパスパ。発言は鋭くビシビシ！　私のまったく知らない、若かりし頃の福井孝子さんである。

「府職労運動における女性の地位向上は福井孝子さんの功績」と府職労の女性委員長・神田美佐子さんの弁。夫ともに労働運動、社会保障運動をたたかいぬき、生き抜いた激しく、優しい女性。

本当に、得難い人、惜しい人を亡くした。68歳、女性としてはまだまだこれからの時、本当に残念。

しかし、仲良く並んでいる2人の骨壷と写真を見ると、深い悲しみのなかにも、なぜかほのぼのとしてくるひと時だった。

木っ端役人として証言

「介護保険料違憲訴訟」で私は2004年9月3日、大阪地裁で「堺市の介護保険担当職員」として証言した。社会福祉法人の不正問題の住民訴訟の時は「元監査担当職員」として証言したが、今度は、堺市で現在担当している業務で、しかも「堺市」が被告となっている裁判に現職の堺市職員が、堺市の介護保険制度と運用を批判する立場で出廷し証言するのである。堺市長あてに「証言許可申請書」を書き、市長から「公務員の本分をわきまえ証言を行うこと」という証言許可書をもらって証言した。

少し長くなるが、介護保険料がいかに高齢者を苦しめているかを仕事上体験したことをもとに述べた内容（証言用に書いた原稿の一部）を紹介する。

①介護保険料によって生活苦に陥っている事例

弁護士　介護保険料負担が課せられ、生活を切り詰めているという具体的な事例はありますか。

日下部　はい。とてもたくさんあります。先ほどお示しいただいた「生活困窮高齢者」の資料の４６８人は、ほとんどすべてがそうです。

減免申請に来られたお年よりの、年金通知の葉書や預金通帳の額を見て、身につまされることがあります。

例えば、66歳の一人暮らしの女性。年金だけの収入で年間76万５６９６円。１カ月あたりでは、私学共済年金月1万８３００円、老齢基礎厚生年金が月４万５５０８円で合せて6万３８０８円だけの収入です。その４万5千円ほどしかない厚生年金から介護保険料が月２７７５円、年間で3万３３００円も天引きされていました。

減免申請書に添付していただいた預金通帳を見ると、そのつつましい暮らし振りが見えてきます。通帳には、公共料金や家賃が記帳されているのです。

主な支出は、電気代月１４５０円、電話代月４０９５円、水道代月４０７８円、ガス代月５１０５円、家賃月４２００円（府営住宅で減免された額）、国保料月１６８０円（7割減免された額）の合計が2万６０８円。残りの4万２０００円ほどで食費からその他の生活費一切をまかなっておられるのですが、年金が下がり、介護保険料が上がった平成15年から、それまでとっていた新聞を止められました。買物も市民生協で共同購入していたがこれも止めた。あとは何を止めようか。止めるものがない。幸い、健康で医者にはほとんどかかっていないが、病気になれば医者に行く金がない、とおっしゃっていました。上品で決して無茶を言うようなタイプの方ではなかったのですが、本当に申し訳ない気持ちになりました。

この方の場合は年収76万円ですが、甲11号証の表３にも記載しましたように生活困窮者減免適用者の内、単身世帯２６２人の平均年収は66万３８２５円で、この方よりも10万円低く、ひと月あたりでは5万5千円程度しかありません。この方たちからの介護保険料徴収がどれだけ生活を切り詰めさせることになるか、誰でも分かると思います。

②医療受診を抑制している事例

弁護士　介護保険で保険料負担が課せられ、医療受診を抑制しているという事例はありますか。

日下部　はい。これは、高齢者医療制度が変わって、それまで、1回850円で受診できたのが、1割負担を払わなければならなくなったことや、国民健康保険料が高いことも関係していますが、医療受診の抑制は確実にあります。

9月1日に、ご主人が窓口に相談に来られて、応対した方の例を申し上げます。

夫は無年金で大工さんですが、80歳になり仕事がまったくなくなり収入がありません。介護保険料は平成13年度から滞納されています。奥さんは72歳で、現在は月4万円程度の年金があり、介護保険料は特別徴収（2カ月で7400円）ですが、平成15年9月以前の保険料が滞納です。世帯には49歳になる息子さんがおられますが、所得はわずか年160万円程度。それでも課税であるために、介護保険料は2人とも第3段階で2人合せて年間8万8800円です。

この方は、私が平成14年度に訪問し、そのときお家におられた奥さんが、「ちょうどこのお金で病院に行こうと思っていたのに…」と言われながら、2人の保険料を2カ月分ずつ頂いたことがあります。とても後味が悪い思いをした方なのでよく覚えています。その後アルバイト徴収員の方が訪問するようになったのですが、奥さんはうつ病になり、いつ行っても「お金がないので今払えない」とおっしゃるので、徴収員さんも行かなくなっていました。

窓口にこられたご主人には毎月、介護保険料の督促状と、2年で時効になる通告文を送りつけ、滞納者に対する制裁措置をしつこく知らせていましたので、「送られてくるたびに気になって気になって…」と「今からでも少しずつ払うので」と申し出ていただきました。ところが、時効になった平成13年度分が2人ともまるまる残っていて2人で6万円以上もあるのです。これをまず片付けようと、「すでに時効が成立しているのですが、すぐに、6万円入れて頂けるなら、以前納付の意志も表明されて時期もあるので、時効の中断ということにして、この分から頂きましょう」と説得しました。ご主人は、だいぶ悩まれましたが「分かりました。6万円はどないかします」と言われました。

ところが、「わしは年で大工の仕事はないし、息子は借金だらけで、国民健康保険料も払えず、健康保険を切られてしまった。家内が医者に行くと全額払わないかんので、薬だけのときで5千円くらい、ちょっと医者が診ると1回で1万円も取られるので医者にもあまり行けない」と言われました。

帰られた後で、「そんなに窮迫されているのなら、いつ使うか分からない介護保険料に6万円も払うより、国民健康保険料を少しでも納めて保険証を発行してもらった方がいいのになあ」と上司と話し合いました。この方は、生活保護の相談もされているとのことですが、息子さんが稼動年齢ということもあり、生活保護の適用は難しそうです。2人で20万円近い滞納介護保険料がなければ、また奥さんの年金から天引きされている7400円の介護保険料があれば医者にももっとかかれるのになあ、と思いながら、介護保険料が医者にかかりにくくしているのではないかと、思いました。

弁護士　他にそのような事例はありませんか。

日下部　高齢者ばかりの3人世帯の例を紹介します。

夫は71歳で無年金で仕事もなく無収入、68歳の妻も無年金で調理のパート年収85万7400円、月7万1450円程度の収入です。夫の92歳の母親が同居されていて老齢福祉年金を年40万8300円もらっておられます。世帯収入は年126万5700円しかありません。

ところが、介護保険料は、本人と妻が3万3300円（第2段階）2人分、母が2万2200円（第1段階）で、3人合わせて年間8万8800円の負担です。

夫は腰痛と膝痛で仕事ができないほどですが、92歳の母親には医者代がかかるため、自分は医者に行くのを昨年から止めている。歯痛で顔が腫れているが、歯医者に行かず、薬局の薬でがまんしている。「介護保険料を払うのをやめて医者に行きたい」と訴えられるのですが、「将来、介護が必要になったとき困りますよ」と納めてもらっています。

次に81歳の一人暮らしの女性の例ですが、収入は厚生年金の年間97万3998円のみ（月額8万1166円）です。昨年10月から値上げで、1回（2カ月分）の年金16万2333円から介護保険料が6000円も天引きされています。国保料は年2万196円、介護保険料は3万3300円で、合計5万3496円が保険料に消えます。整形外科と泌尿器科に通院していますが高いので薬だけにしており、それでも1回4320円になっています。

7月9日付けの領収証を見せてもらいました。内訳は、整形外科が基本診療料72円、投薬料2635円、調整3円の合計2710円、泌尿器科が投薬料856円、検査料755円、調整1円の合計1610円です。

医者には、もっと来るように言われるが払えないので、痛みががまんできなくなるまで診てもらわないようにしている、とのことです。

私は、介護保険料の担当者として、こうした方にも、「将来介護が必要となったときのことを考えて必ず保険料は払ってください」と職務上言っています。しかし正直言って、受診すべきときに受診しないで放置して、かえって健康を害し要介護状態になることを早めるのではないか、という疑問を断ち切ることはできません。また今、医療費が払えず医者に行くのをがまんしているような人たちが1割負担をして介護サービスを利用されるとはどうしても思えず、我ながら日々むなしい気持ちになります。

③介護サービス利用の抑制

弁護士　介護保険制度の導入にともない、措置制度の時と比べて、介護サービスの利用を抑制しているという事例を知っていますか？

日下部　いくつか知っています。

印象に残っている例ですが、本人は93歳の女性で国民年金（老齢）が年間27万2598円。年金は偶数月の15日に振り込まれ2カ月分で4万5433円ですが、介護保険料が5500円天引きされて手取りは3万9933円です。

娘が60歳ですが体が弱くて働けず、収入なしです。孫が34歳の男性でパート（公園墓地で清掃、月14日勤務1日5600円、月収7万8400円）で年収94万800円です。家は泉北ニュータウン郊外の農家で持ち家なのでなんとかやっているとのことです。

本人は90歳を超えており、「知り合いはほとんど死んでしまい、耳が遠いこともあり、家族とは普段は話もせず食事も別にし、自分の年金で食っている。要介護2で、週2回デイサービスへ行っているが、デイではとてもよくしてもらっている。風呂もデイでしか入らない。介護保険になる前は1回800円で週3回行っていたが、介護保険になってからは、食費なども合わせて1500円以上も取られる。介護保険料がなければ、あともう1回デイサービスにいけるのだが…。医者代もかかるので2回しかいけない。93歳にもなって金の心配ばかりで情けない、介護保険料は何歳までとられるのか」と窓口で切々と訴えられました。

この人の場合は、農家で家が200平方メートル以上あるので減免もできませんでした。でも「申し訳ないけれどどこれ以上安くなりません。天引きも止められません。介護保険料は例え100歳でも払っていただくことになります」と説明しながら、これが90年も生き抜いてきたお年寄りに対する扱いだろうか、思わず涙が出そうになりました。

弁護士　介護保険料が払えず介護サービスが受けられなくなった事例はありますか。

日下部　残念ながら当南支所でも、保険料滞納による制裁措置を発動している例はすでに1件出ています。

本人は83歳の女性で要介護2。56歳の息子と2人暮しです。息子は現在失業中で、その弟の援助でなんとか生活しているとのことです。介護保険料を1年以上滞納しているため、今年4月の要介護認定更新時に、「支払方法変更」の給付制限を受けました。それまで、週に3回程度のホームヘルパーの派遣を受けていたのが、4月以降はいったん全額負担しないと利用できなくなったため、月額数万円を払わなければならなくなり、結局、サービス利用を止められ、息子さんが介護されています。この給付制限については、直接の事務は上司がやっていますので、私が直接手を下していません。聞くところによるとこの息子さんは気の弱い方で、とても人前で働けるようなタイプの方ではないとのことで、それまで契約していたケアマネジャーもさじをなげた状態ということです。

弁護士　原告と同じ67歳、女性で、収入が年金も入れて月々5万円から8万円程度の人が、介護保険で在宅サービスを利用する場合は、どの程度の自己負担額になるでしょうか。

日下部　介護保険は、所得に関係なく1割負担ですから、身体介護30分以上1時間未満で427円を所得にかかわりなく負担することになります。激変緩和措置として、介護保険実施時にヘルパー利用者であった人に限り2000年度～2002年度は3％負担で128円、2003年度～2004年度までは6％負担で256円ですが、それでも「回数を減らした」という声が窓口に寄せられています。

ご質問の例が介護保険実施後に初めてのヘルパー利用であれば、激変緩和措置はありませんから、週4回1時間ずつ、ヘルパーを利用すればひと月6832円程度の負担になります。

④年金天引きが生活を脅かす事例

弁護士　介護保険料の特別徴収のために生活が脅かされているというような事実はありますか。

日下部　はい。あります。先ほど申しましたように、収入の少ない方にとってはたとえ、月2700円、3700円といった介護保険料であっても、1カ月分の電気代やガス代、医者代に相当する場合が多くあります。年金が下がり、介護保険料が上がったままで生活費が少なくなり、生活が脅かされることはあります。

⑤介護保険料担当の職員として感じる問題点

弁護士　介護保険料の賦課徴収に携わる職員として介護保険制度のこんなところに制度上の無理があると思われるような点はありますか。

日下部　はい。それは、介護保険料が実際、高齢者が払えるかどうかを考慮せず決められている仕組みであることです。堺市の場合、介護サービスに必要な費用の19％を65歳以上の方すべてに負担させること、収入ゼロでも基準額の75％の額を負担させること、月１万５千円しかない年金でも月２７００円とか３７００円とかの介護保険料を天引きしてしまうという点です。実際、特別徴収の対象者を抽出するとき、その人の年金がいくらか、そこから介護保険料を引いたらいくらになるのか、それで生活ができるのか、などは一切考慮されていません。高齢者が年金振込み通知のはがきを持ってこられ、預金通帳や医療費の領収証を見せられて初めて愕然とします。こんなに少ない年金からまだ６０００円も引いていたのかと。

せめて、介護保険料を賦課するのであれば、それを払っても生活ができる額であるかどうかを、保険料の基準額や料率を算定する時にも、そして、個々の高齢者の保険料額を決めるときにも考慮したうえで決める。こういう制度でないと私たちのように行政の末端で毎日、高齢者と接している者にとっては、耐えられません。

現在の高齢者は、年金制度も整備され預貯金もあって裕福だから、月数千円の介護保険料は問題ないという見方は間違っています。「平均」でなく、個々の高齢者を見ていくと月３万、４万、５万円といった本当に小遣い程度の年金しか手にしていない人、また年金そのものがない人がたくさんおられます。子どもに養ってもらえばいいという考え方もあるでしょうが、40歳代、50歳代の子が職にも就けず同居して親の年金で暮らしているなどという事例は本当に多くあります。

介護保険料はこうした一部ではありますが、深刻な高齢者の実態を無視していると思います。

この「証言」は12年前のものであり、保険料額や細かなところでは制度や仕組みが変わっているところもあるが、高齢者にとっての介護保険料負担は介護保険料が当時よりも大幅に上がり、年金が減らされた現在はこれよりもっと深刻である。

介護保険料裁判の終結

２００６年7月に最後の近田二三子さんの裁判が大阪高裁で敗訴し、「一揆の会」と弁護団で話し合ったが、このまま最高裁まで行って不当判決を確定させてしまうよりも、ここはいったん裁判闘争を終結して、次のたたかいを展望しようということになった。

この裁判は、「一揆の会」が支えたものの、「一揆の会」自体は会費も徴収しない組織で資金力ゼロであり、裁判費用は、「パンフレット」を販売した資金であてることにしたが、手弁当で法廷闘争を引き受けていただいた15人もの弁護士さんたちにまともな報酬も支払うことができなかった。何よりも、「介護保険料は憲法違反」として争うためには、もっと全国的な広がりと戦線の拡大が必要だったが、この時点ではそうした規模には至らなかった。

これ以降「一揆の会」は、毎年の介護保険料決定通知に対する不服審査請求を、年金者組合大阪府本部や全大阪生活と健康を守る会連合会（大生連）とともに取り組むことに活動の重点を移した。

【コラム⑦】司法の役割をかなぐり捨てた判決

6年間に及んだ介護保険料違憲訴訟の争点と判決の問題点については次の3点にまとめることができる。

第一は生存権問題である。最大の争点は、低収入・無収入の高齢者に介護保険料を課することが憲法25条（生存権保障）に反するかどうか、という点であった。

国民に「健康で文化的な最低限度の生活を営む権利」を保障し、国にその実現のための努力義務を規定した憲法25条だが、介護保険料は、明らかに最低生活費（生活保護基準）を大きく下回る高齢者からも一律に徴収される。原告の近田二美子さんは、わずか3万4千円足らずの年金だけで一人暮らし。これは生活保護基準の4割にも満たない。

介護保険料裁判が他の社会保障裁判と違う点は、国が生存権保障を「しない」「不十分」ということを問うのでなく、最低生活費以下で生活している者からも介護保険料を一律に徴収して国が生存権を「積極的に侵害している」ことを問う点にあった。だからこそより厳格な「違憲審査」が求められていた。しかし大阪高裁判決は、「個々の国民の生活水準は現在の収入のみによって決まるものではない」「現時点で収入の少ない低所得者から保険料を徴収することがただちに25条に違反するとはいえない」とし、近田さんの生活実態についても「資産・収支状況に照らせば主張は採用できない」とわずかな預金と家屋の所有を理由に国による生存権侵害について容認する不当な判決を行った。また、福井訴訟判決では、生活保護制度について、「生活保護の受給が必要な者に対してこれが行われない現実があったとすれば、それは生活保護法の運用の問題」と無責任な言及も行い、まさに、憲法25条の空洞化をさらにすすめる許し難い判決であった。

第二に年金天引き問題である。二つ目の争点は、年金天引きという介護保険料の徴収方法が憲法25条に違反するかという点であった。介護保険料はわずか月額1万5千円以上の年金から天引きされる。本人の届出はおろか同意も一切なしで問答無用に天引きされるので、老後の唯一の生活費を一方的に削り取るもので高齢者の生存権侵害は明白だ。ましてや月額1万5千円といえば生活保護基準の5分の1以下の金額であり、このような低年金者の年金から国が保険料を収奪するのは生活破壊そのものである。ところが、高裁判決は「保険料の徴収方法をどうするかは立法府に広い裁量が認められる」の一言で、この訴えを退けた。

第三に、保険料段階の不平等問題である。低所得者層の負担が重い保険料の段階設定は憲法14条（平等原則）に反する。介護保険料の5段階設定（当時）が、無年金・無収入者と高額所得者の差がわずか3倍しかなく、逆進性が著しく不公平であり、憲法が求めた「実質的平等」に反することから違憲性は明らかだ。大阪地裁判決では「改善の余地はあった」「当不当の問題はある」と認め、2006年の介護保険制度改定では、低年金者の軽減と高額所得者の多段階化という一定の是正が行われた経過があった。大阪高裁判決では、「強制加入の社会保険であることに照らすと応益負担よりも応能負担を重視すべきであるとの見解も十分傾聴に値する」とし、介護保険料を高齢者の負担能力に応じた設定にすべきとの私たちの主張に耳を傾けるかのような表現も示した。しかし、結論は「保険料の設定を応益負担とするか応能負担にするかは立法裁量の問題」とし、判断を避けた。

以上のように介護保険料裁判の判決は、介護保険制度の現実と高齢者の生活実態を何ら省みず、介護保険料について、「立法裁量」を口実に事実上まともな憲法判断を行わない不当判決というべきものであった。

6年間にわたる裁判闘争と介護保険料一揆運動が切り開いたもの

6年間の裁判を通じて、多くの証拠や証言、研究者の意見書などを通じて介護保険料の不当性と違憲性を具体的に立証してきた。とくに、保険料5段階設定の不平等さと生活保護基準以下の年金受給者に対する保険料徴収の問題点については被告側（行政当局）もまともな反論が出来ず、地裁判決でも「改善の余地があった」と認めざるを得ないところまで追い詰めてきた。

こうした積み重ねの中で国は、2006年の介護保険見直しの中で、非課税世帯のうち年額80万円以下の低年金者については生活保護受給者並みに保険料を軽減し、課税層については所得に応じて保険料を高くできるという「多段階化」に踏み切った。この措置は部分的な手直しに過ぎない。しかし、高齢者の声なき声を結集する私たちの運動が国の制度を変えさせた到達点と見るべきである。

今日の司法反動の状況及び他の社会保障裁判での憲法判断の到達点から見て、最高裁で地裁・高裁の判決を覆す内容の判決を勝ち取ることはきわめて困難と判断し、「一揆の会」としては、原告及び弁護団とも協議した結果、裁判闘争としてはこの大阪高裁判決を持って終結することとし、今後、多様なたたかいをさらに繰り広げ、全国的な世論と力を結集しながら遠くない時期により多くの仲間を結集した全国的な介護保険料違憲訴訟をめざすことにしている。

２００６年７月「介護保険料に怒る一揆の会」・介護保険料違憲訴訟原告団

5　「不服審査請求」と「対行政闘争」は車の両輪

不服審査請求は、市町村が保険料決定に際して所得の計算をまちがうなどミスをしていない限り、請求が認められることはまずない。一生懸命、不服の「理由」を書き、弁明書に対し「反論書」を書いても、介護保険審査会の「裁決」は、「本件介護保険料決定処分に違法・不当はないので審査請求は棄却する」という結果に終わる。このことも「やってもはじめから負けると分かっているのにムダ」というアキラメにつながりやすい。しかし、大阪の高齢者は、あきらめることなく、①不服審査請求運動、②行政に対する要求運動の二つを車の両輪として取り組んできた。「不服」を申し立てて『棄却』をされる――これだけの繰り返しではグルグルと同じところを回るだけだが、それと並行して、各市町村へ、そして都道府県や国へ、介護保険料に怒る高齢者の声を届け、具体的な改善要求を行っていく。この「行政闘争」が不可欠なのである。これで車の「両輪」がそろい「前に進む」ことができる。

運動を通じて勝ち取ったもの

大阪では、「棄却」・「却下」されてもあきらめず毎年介護保険料に対する不服審査請求を続けてきた。「一揆の会」の呼びかけにより、年金者組合大阪府本部、全大阪生活と健康を守る会連合会の3団体共同で毎年不服審査請求いっせい提出行動を積み重ねている。この16年間でのべ1万4504件の審査請求を出したが、ことごとく退けれ、請求が認められたものは1件もない。

しかし、不服審査請求運動は、「対行政闘争」と一緒に取り組むことで、いくつかの貴重な成果を生み出してきた。

その一つが、介護保険料独自減免制度である。介護保険料には、災害の被災者や収入減少者に対する減免制度はあるが、低所得者に対する減免制度はない。このため、各自治体で「独自減免」制度を作ることになるが、大阪府では、41保険者のうち35という85％以上の保険者で独自減免を実施させている。この実施率は47都道府県の中でトップである。全国的には、独自減免をしているところは１５８０市町村（保険者）のうち５１９（32・８％）である。これは、毎年の介護保険料不服審査請求運動の積み重ねと各地域での自治体への要求運動での成果である。大阪府内の介護保険の「利用料の独自減免」の方はわずか７自治体で17％にとどまり、全国での実施率19・６％を下回っている。このアンバランスは、大阪での介護保険料の運動が市町村を動かしていることがよくわかる。自治体当局は不服審査請求や住民運動で厳しく責められてようやく動くものなのである。

また「一揆の会」では、各市町村の介護保険会計の分析を行い、第３期（２００６～08年度）では、多くの自治体で「とり過ぎ介護保険料」が存在し、介護給付費準備基金として貯め込まれていることを指摘。大阪社保協や年金者組合とともに「余った介護保険料を返せ」「保険料を下げろ！」という運動を展開した。その結果、第４期（２００９～11年度）では、大阪府内の６割にあたる25自治体で引き下げとなり、府内平均保険料もはじめて月額92円下がった。貯め込み金を温存し下げなかったところでは「ドロボー自治体。保険料返せ」と運動し、藤井寺市では、第４期の２年目の２０１０年度に、基金を全額取り崩させて、介護保険料を引き下げさせた。巨額の基金を残したまま第４期の介護保険料を下げなかった大阪市に対しては不服審査請求でその点を指摘し、大阪府介護保険審査会の「裁決」

の「付言」では、その問題点を一部認めさせた。

毎年何百人もの高齢者が介護保険料に対し納得せず、不服審査請求しているという「強い圧力」が市町村や大阪府に少なからぬ影響を与えているのである。

大阪府介護保険審査会の巻き返し

「介護保険審査会」は、被保険者の救済機関であり、審査請求された案件について、処分を行った市町村等に事実確認を行った上で、法律や条例にもとづいて正しく処分されているかどうかを審理し、裁決する機関である。

ところが、大阪府介護保険審査会は、「介護保険料に怒る一揆の会」が毎年大規模な集団不服審査請求運動を取組むようになるとその姿勢を変えてきた。

まず、口頭意見陳述である。２０００年〜２００２年度までは、審査会委員が全員出席する場での口頭意見陳述を行ってきた。意見陳述する人の中には、審査会委員に「わたしたちの訴えをどう思うか、答えろ！」と詰め寄る場面もあった。ところがこれに懲りたのか、２００３年度から「委員は出席せず、職員が聴取する。その代わり意見陳述内容をテープ起こしして文章化する」という対応に変えてきた。「一揆の会」の高齢者たちは、「意見も聞かないのは審査会員としての職務放棄だ」「委員は出てこい！」と毎年抗議しているが改まっていない。

審査請求者にいやがらせ、門前払い

さらに2009年度からは、不服審査請求を行った人に対し、「お尋ね文」なるものを送りつけるようになった。審査請求の「趣旨」が「保険料」なのか「介護保険制度」なのか回答させ、介護保険制度ならば「審査の対象外」の不適法な審査請求なので、内容審査に入らず門前払い（却下）にするというのである。形式的にも内容的にも適法な不服審査請求書に対しイチャモンをつけ、介護保険制度に文句を言う者は門前払いにするという違法な行為である。

厚労省官僚が直接指揮

当時の大阪府知事は、「大阪維新の会」の橋下徹府知事で、大阪府の福祉施策はことごとく切り捨ての対象となっていた。この大阪府介護保険審査会の動きも当時の橋下府政の動きと関連するものであった。さらに、当時の大阪府の介護保険審査会事務局の担当課（介護支援課）の課長は、厚生労働省から「派遣」された人物で、介護保険制度開始時に介護保険料の制度設計を手掛けた人間である。いわばインチキ介護保険料の生みの親というべき人間が大阪府の介護保険審査会の担当課長となって乗り込んできたのである。

審査請求をした人に、文書を送りつけて威嚇する手法は、すでに2001年に東京都の介護保険審査会がやっていた。東京都では、審査請求を出した人に、どういう意図で審査請求をしたのかという「釈明書」を求める文書を書留郵便で送りつけた。「気軽」に審査請求を出した高齢者は、東京都庁からいきなり送られたいかめしい文書に動揺した人も多かったという。厚労省から来た課長はこの東京都方式で大阪の介護保険料一揆の会と不服審査請求運動を潰そうとしたのである。

しかし大阪ではこれに負けなかった。審査会事務局に抗議を行い、さまざまな申し入れと交渉を重ねながら、いくら門前払いになっても毎年審査請求を出し続けた。「制度問題は審査対象としない」という審査会事務局に対し、審査請求の書き方をより具体的にするなど工夫もし、弁明書が届かなくても多くの人が「口頭意見陳述申立書」を提出し、その場で介護保険審査会に抗議するなど、さまざまな取り組みをおこなってきた。2010年度は460件に落ち込んだものの、その後は、毎年審査請求者を増やしながら2013年度は再び809件まで盛り返し、その後は1000件を超えている（**表2**）。

この審査請求者の多くは後期高齢者医療保険料や国民健康保険料にも同時に審査請求を行っている。2009年度は、審査請求のうち9割が「却下」にされ、弁明書も内容審査

（表2）大阪府内の介護保険料不服審査請求件数

年度	介護保険料不服審査請求件数
2000年	1
2001年	1256
2002年	917
2003年	1010
2004年	870
2005年	916
2006年	2063
2007年	1159
2008年	817
2009年	656
2010年	460
2011年	562
2012年	752
2013年	809
2014年	1177
2015年	1079

もなかったが、抗議と交渉を繰り返す中で、２０１２年度は４割近くが却下にならず内容審査まで持ち込めるところまで回復させた。

そして、２０１３年12月、大阪府介護保険審査会事務局との交渉の席上、審査会側は「一律のお尋ね文は送付しない」ことを確認、「幅広く本案審査の対象をとらえる」と明言し、門前払い策動に終止符を打たせ、４年越しのたたかいで審査請求妨害をはねかえしたのである。

いやがらせや脅しには屈せず、断固としてしつこくたたかう。ねばった方が勝ちである。

「集団不服審査請求」と「一揆」が広がる

社会保障の制度改悪による不利益を受ける人たちが、「主権者」として行政に異議を唱えていく「集団不服審査請求」（異議申し立て）の闘争戦術については、「介護保険料に怒る一揆の会」が始めた当時は、「やっても無駄なことをやっている」「行政に対するいやがらせにしかならない」という批判の声が多くあった。また、「一揆」というネーミングについても、「まるで暴動のような物騒さを感じさせる」といった苦言もあった。

しかし、社会保障の改悪がどんどん進行し、多くの人々に被害が広がり、怒りが高まると、この「集団不服審査請求」が運動形態として注目されるようになっていった。

立法（国会）に対する請願運動や、国政選挙だけでなく、一人ひとりが行政に対して「異議あり」と訴え、審査・裁決を求める不服審査請求運動は、2008年に始まった後期高齢者医療制度が「姥捨て山制度だ」との批判が強まったことを受けて、「全国1万人の不服審査請求運動」として全国で取り組まれた。また、2014年の年金切り下げに対しては、全日本年金者組合が全国12万人以上の不服審査請求を組織した。さらに、生活保護費引き下げに対しては全国生活と健康を守る会連合会と反貧困ネットワークなどが全国1万人以上の不服審査請求を取りくみ、社会保障分野でも一つの運動戦術となった。今日では「制度改悪に行政不服審査請求などやっても無駄」というような人はもはやほとんどいない。

「物騒な名前だ」と批判があった「一揆」というネーミングも、今では全日本年金者組合が毎年10月の年金支給日に「年金者一揆」と名付けた集会やデモなど大規模な街頭行動を繰り広げている。

元祖「一揆」の私たちとしてはうれしい限りではあるが、誰もが怒らざるをえないまでに年金・医療・生活保護などあらゆる社会保障が改悪されている現実に愕然としている。同時に、「集団不服審査請求から裁判へ」というたたかいの発展についても、年金と生活保護ではできたが、介護保険と後期高齢者医療ではそこまでいたっていない。できるだけ早い時期に、新たな「介護保険料裁判」を今度は全国的に組織することを願っている。

行政不服審査制度の改正

行政不服審査法が2014年に50年ぶりに改正された。①不服審査請求期間の延長（60日以内から3カ月以内に）、②口頭意見陳述改善（処分庁の出席と質問・回答）などの一定の改善が図られ、2016年度から実施される。今までのような「言いっぱなし」の口頭意見陳述から、質問・回答というやり取りを不服審査請求者と行政が対等にできる場とすることができるようになった。

「一揆の会」では、大阪府介護保険審査会に対し、不服審査請求制度改正に伴い、口頭意見陳述への委員出席、処分庁への質問・回答、意見陳述の場所などについて要求を提出し、交渉を行い、改善を求めることにしている。特に意見陳述の処分庁（市町村）への質問・回答は、公的な場での回答となるので各自治体での保険料軽減や制度改善の運動と「車の両輪」として取り組めるようにしたいと考えている。新たな審査請求運動の始まりである。

第5章

役所の中で解決しなければ、住民とともに

堺市のホームヘルパーをよくする会（2006年）

前章まで書いてきたことは、主に2000年以降の16年間のことである。「それまでの20年間のあなたは堺市役所で何をしてきたの?」と思われる方もおられると思うので、わたしの公務員人生の歩みについて書かせていただくことにする。

そこで話を、私が堺市役所に就職した37年前の1979(昭和54)年に戻すことをお許しいただきたい。大学を出たての23歳の青年・日下部雅喜の地方公務員の歩みである。

1　こんなふうになりたくない!　フレッシュマンのころの経験

はじめて体験した小さな不正

1979年4月、堺市職員になって新規採用職員研修を終えて配属されたのは本庁の障害福祉課だった。16人採用された同期の福祉行政職採用の者たちは私以外みんな福祉事務所に配属された。

障害福祉課に配属されて少し経った時のことである。職場の先輩から「これ、僕の字やと具合悪いから君の字で書いといて」と頼まれた。見ると○○観光のバス代金の白紙見積書である。行先を▲▲観光の見積もり書と同じように記入し、見積もり金額だけ2万円高く書いて欲しい、というのである。見積書の偽造ではないか。「こんなことしたら文書偽造になりませんか」と思わず聞いた。彼は「ややこしいこと言わず書いたらいいんや」と行ってどこかへ行ってしまった。

障害者団体のレクレーションに市がバスを借り上げて提供しているのだが、入札でなく随意契約だった。複数社から見積書を出させて安いところと契約する（比較見積もり。見積書を合わせることから『合い見積もり』、略して『合見積』（あいみつ）と言っていた）。実際は▲▲観光に決めてあって、その業者が持ってきた他社の白紙の見積書がたくさんあり、それにその都度、適当に少し高い金額を書いて「比較見積もり」を装うのである。しかも起案者と同じ筆跡ではばれるので他の職員に書いてもらう。

どう考えてもやばい、やっぱりやめておこう。「すみません。偽造になるので、私、この白紙見積書の業者のところへ行って本当の見積書もらってきます」と言うと先輩は「お前アホか。もうええ。そんなんでは役所で出世できないぞ」と言った。それから30数年。先輩の言ったとおりになった。しかし、そういう悪しき慣行に染まらなかったのが、わたしの公務員人生の唯一のよかったところだろう。

当時は、今とは比較にならないくらい、のんびりした職場環境で、悪く言えばだらけた緊張感のない職場だった。「福祉部障害福祉課」は、本庁課で当時6カ所あった福祉事務所の障害福祉関係の業務統括と障害者福祉行政の企画や運営を行っていた。

国際障害者年長期計画をめぐる挫折

1981年は国連が世界に呼びかけた「国際障害者年」だった。自治体の障害者行政では、「国際障害者年長期計画」を作ることが課題となっていた。今でこそ市には「総合計画」があり、障害者計画、老人保健福祉計画、介護保険事業計画、地域福祉計画など各種の中長期計画をつくっているが、当時は「10年間」の障害者にかかわる全庁横断的な長期計画を作るなど初めての経験だった。担当となった私は国際障害者年関係の文献を読みあさった。「完全参加と平等」のスローガンのもと「障害者を排除する社会は弱くてもろい社会」、ノーマライゼーションの考え方を学ぶにつれ、「よし。堺市でこんな理念で素晴らしい障害者施策を花開かせたい」と思うようになった。若き行政マンのころのフレッシュな決意であった。

ところが、「長期計画」策定は、障害当事者抜きどころか市民は一人も入らない「庁内」の「委員会」で作るという。関係部局の部長を集めて開かれる会議（推進委員会）と、課長を集めて開かれる会議（幹事会）がおかれた。そして一生懸命に計画の「素案」を作り会議の日を迎えた。ところが何人かの部長は時間になっても来ない。電話をかけ呼びに行くのが私の仕事である。

会議では、前向きな意見はほとんど出なかった。新しい施策を「実施」と計画素案に記載していると担当部局の部長は言った。「まだ予算案の段階やし、通るか分からないから『実施』やなくて『実施に向け検討』にしてくれ」。また、ある制度を検討しているので「〇〇の課題を整理し検討する」と計画素案に書いていると、担当部長は「『検討』と書くと市民から『いつまで検討しているのか』と言われるから『研究』と書いてくれ」。こんな後ろ向きの発言ばかりである。

私は議事録を書いていて役所が嫌になった。10年間という障害者行政の長期計画、しかも「完全参加と平等」を実現するため将来を見据え、各部局のトップが何を議論するかと思ったら、「へたなことを書くと後で、市民団体や議会から追及されると困る」という類の低次元の発言ばかりである。事前に配った国際障害者年関係の資料も誰一人読んでいなかった。役所に何十年もいて、無気力と自己保身に凝り固まり、まともに学んだり挑戦したりすることを忘れ去ったオッサンの集団であった。入って1年そこそこの駆け出し地方公務員だった私は、「こんな風にはなりたくない」とつくづく思ったのだ。

2 「やりがい」ある仕事のヒントは役所の外にあった

「やりがい」を模索しながら——知的障害者福祉担当の人たちと

同期のほかの社会福祉行政職採用の人たちは、福祉事務所配属なので、生活保護であれ障害者・高齢者、児童福祉であれ、一応、住民福祉に直接携わる仕事である。ところが私だけは、本庁で障害者行政の企画や運営が中心で、しかも新たな施策や制度を提案してもほとんどボツになり、財政当局は予算要求を認めてくれない。そんな中で、「やりがい」を持てたのは、知的障害者福祉の各福祉事務所の担当者との会議であった。当時はまだ「精神薄弱者」と法律で書かれていたので、「精薄担当」(セイハク担当)会議などと呼ばれており、その企画運営を担当していた。

当時知的障害者は養護学校の高等部を卒業しても次の「進路」がない人が多かった。そこで、親たちが始めたのが障害を持つ人たちの働く場としての「共同作業所」作りである。ガレージや民家、プレハブなどを借りて1~2人の指導員と数人から十数人の障害者が簡単な作業をする作業所で、当時は「簡易心身障害者通所授産所」と呼んでいた。

当時の知的障害者担当者の中に、自ら「親の会」を組織し、「たけのこ共同作業所」を設立した吉川喜章さんがおられた。みんなから「師匠、師匠」と呼ばれていたが、駆け出しの私にとってはまさに「師匠」であった(吉川さんはその後、堺市を退職し、障害者の施設づくりの運動に専念され、現在は社会福祉法人障友会の理事長をされている)。

当時私は、こんな方々に触発されながら、大阪で開かれた共同作業所全国集会にも参加し、この共同作業所に十分な行政の援助を実現するにはどうしたらいいかを考えるようになった。

障害者作業所の指導員たちとともに

ある作業所を訪問したとき、彼らが一生懸命組み立てているグリコのおまけの仕事の工賃が１日３００円と聞かされた。また油で手を真っ黒にしてボルト・ナットを組み立てても１日数百円とかいう作業所もあった。私はマルクス経済学を学んでいたので、生産労働こそが「価値の源泉」だということは知っていた。彼らはれっきとした「生産労働」をしている、しかし工賃はたったの数百円。一方、私がやっている役所仕事は単なる事務仕事で何も価値は生み出していない。書類を何枚か作成して上司の決裁を得るだけの仕事なのに１日数千円と彼らの10倍以上の給料をもらっている。

さらに、彼らを援助している「指導員」の労働条件の劣悪さである。私と同じ日本福祉大学の卒業生も多かったが、その給与は月数万円で、私の半分以下の人もいた。運営費をかせぐために、廃品回収やバザーで休日も走り回ってこの給与である。

ろくに住民のためにならないような仕事しかしていない私が、安定した身分と生活に困らない給与を得て毎年昇給もしているのに、身を粉のようにして障害者のために働いている彼らが信じられないような薄給で劣悪な労働条件に甘んじている。福祉系大学を出たての若い女性がジャージとウエストポーチで首にタオルをひっかけて年がら年中同じ格好で働いていた。仕事着も普段着も同じ。洋服を買う余裕など全くないという人もいた。

無認可作業所指導員の労働組合へ

1984年から障害者共同作業所の補助金担当になった。当時の補助金制度は大阪府の制度で、1カ所あたり通所者7人以上が年間200万円、10人以上が年間250万円、15以上で300万円といった金額だった。大阪府と市が半分ずつ費用を負担する。これで指導員の人件費、建物の家賃、光熱水費などすべての経費を賄えというほうが無理である。重度の手のかかる障害者がいれば指導員の加配も必要になってくる。親の負担も限界がある。「せめて認可施設に準じた補助金を」、「重度加算を」という作業所や親の会の要求は当然であった。大阪府基準に堺市が独自に上乗せして補助金を引き上げることは可能であり、他市ではそのような上積みしているところも多かった。ところが、毎年補助金引き上げ案を作って予算要求しても財政当局は認めてくれなかった。

私は1983年から堺市職員労働組合の執行委員になっていた。当時、堺市職員労働組合（堺市職労）が徹夜交渉など激しい賃金交渉をやっていることを見ていたので、共同作業所の指導員の「労働組合」ができて堺市と労使対等に団体交渉ができれば、補助金引き上げができるのではないかと考えた。民間の労働運動では、賃金決定を事実上親会社が握っているようなときは、子会社の労働組合は直接の雇用関係が無くても「背景資本」に対して団体交渉権を有するという「使用者概念の拡大」が広がりつつあった。

それから、昼間は堺市障害福祉課職員として障害者作業所の補助金事務の仕事をしながら、夜は堺市職労執行委員として障害者作業所指導員に労働組合づくりを働きかけるということを始めた。労働組合ができた時、堺市に対して「使用者責任」があると主張できるように、補助金を受けている作業所は指導員の出勤簿のコピーを毎月、堺市に提出することを義務付けた仕組みにした。

通所者が帰ったのちの作業所で、指導員たちと話し込んだり、労働学校へ誘ったり、堺統一労組懇（後の堺労連）の菊池進朗事務局長や全国福祉保育労働組合大阪地方本部の岸下昌博書記長と協力しながら、1人、2人と組合づくりの話を進めていった。堺市障害福祉課で補助金担当のわたしがオルグに行くのだから、拒否する指導員はいなかった。それでも、障害者の親の会が運営しているところが多く、共同作業所全国連絡会（共作連。現在の「きょうされん」）加盟のところ以外は、親の会との関係で悩む指導員も多かった。

組合づくり活動を始めて半年あまりがたった1987年9月、ついに障害者作業所指導員の労働組合の結成大会にこぎつけた。「全国福祉保育労働組合大阪地方本部堺無認可障害者作業所合同分会」という名称だった。組合員は20人以上、当時20カ所ほどあった障害者作業所の過半数を組織した。

さっそく「堺市長」宛に「労働組合結成通告」、「団体交渉申入れ」を行った。対応したのは福祉部長だった。団体交渉に応じようとしない福祉部長の席の周りに組合員が座り込んでカンヅメにして団交開催を迫った。「ちゃんとテーブルについて私たちの声を聴いてください！」。福祉部長は指導員たちの必死の訴えにも首を横に振り続け、終業のチャイムがなると、そそくさと、机の前が座り込みでふさがれているので背後のロッカーの隙間をすり抜けて逃亡・帰宅し、指導員たちは怒りの声を上げた。

市民署名運動と議会請願で補助金引き上げ実現

ようやく「交渉」に堺市当局は応じたが、それは団体交渉でなく「陳情」扱いだった。弁護士とも相談したが、補助金を出し指導員の出勤簿を提出させているくらいでは、使用者責任は市には発生せず労使関係とまでは難しい、との見解であった。それでも「交渉」を重ねた。交渉には、私も堺市職労執行委員として組合側で出席するが、障害者作業所への市の補助制度も予算も私が担当しているのだから、市当局側には私よりも詳しいものはいない。交渉ではとことん言い負かすことはできるが、出てくる福祉部長以下は「大阪府の水準以上に市独自での引き上げは難しい」の一点張りで、財政権限がないのでまったく進展しなかった。

そこで戦術転換をし、障害者作業所の親の会や運営委員会の皆さんと指導員労組が一緒になって「堺市無認可作業所問題を考える会」を結成し、堺市議会への「補助金の拡充を求める請願」の署名運動を取り組んだ。５万人以上の署名を集め、議会へ請願し、紆余曲折はあったが「決議」が採択された。その後、障害者作業所に対する補助は、堺市独自の引き上げや加算が実現し、引き上げが徐々になされるようになった。

行政の一担当者として、資料を作り上司を説得し、財政当局にいくら予算要求してもまったく進展しなかった障害者作業所の補助金引き上げが、労働組合作りと市民共同によって前進した。この経験は、堺市行政の在り方に失望していた私に役所の中に閉じこもるのでなく、「市民とともに行動」することが行政をよりよくする近道であることを教えてくれた。

3　社会福祉施設利用者の徴収金問題を通じて学んだもの

認可施設化、徴収金引き上げ

養護学校高等部卒業後の「進路」として、親たちの血のにじむような努力で作られた無認可の障害者作業所は、より安定した運営を求めて「認可施設化」への補助を行政に要求するようになった。増え続ける無認可作業所に頭を悩ませていた堺市もこれに応えて、市内を六つのブロックに分けて、複数の無認可作業所を統合することを条件に、各1カ所ずつの知的障害者の通所授産施設を整備する計画をつくった。土地取得費の一部と施設建設費の国庫補助・府補助を除いた自己負担分の一部を独自に補助する仕組みが制度化され、私がその担当となった。

現在の「堺みなみ」(旧堺南通所授産所、1985年開設、堺市中区)、せんぼく障害者作業所(1986年開設、堺市南区)、堺あすなろ園(1988年開設、堺市西区)など6カ所がこの制度によってできた。堺市の障害者運動が市を動かして結実させた施設である。

ところが国は、1986年の障害基礎年金制度の創設と抱き合わせで、それまで「扶養義務者」の所得(税額)に応じて施設利用者の負担金を徴収していたものを障害者本人の年金収入からも徴収するという「ダブル徴収」制度に変えたのである。費用負担も大幅に増え、「子のわずかな年金から負担金をとるのか」という怒りの声が親たちに広がった。同様の制度改定は身体障害者施設でも老人ホーム入所者に対しても行われた。

市内の障害者運動の大同団結、老人ホーム入所者も参加

私は堺市職労に問題提起し、制度改定前に組合主催で施設利用者や保護者など関係者への説明会を開いた。福祉事務所でこの費用徴収の仕事を担当する職員が組合員の立場で「制度が変わるとこうなります」と説明した。反響は大きく、障害者ではいわゆる「解放運動」系の団体も参加し、大阪府立施設の保護者会の参加もあり、堺市内の障害者運動団体の大同団結が実現した。さらに、堺市立八田荘老人ホーム（養護老人ホーム）の入所者自治会も加わって、１９８６年８月「社会福祉施設徴収金改悪反対連絡会」が20団体で結成された。

「施設に入っている老人に費用を取らないのは在宅老人との公平を欠く」という説明に、「8畳1間に４人が暮らす老人ホームで在宅よりもいい暮らしをしていると言うのか！」と詰め寄った老人ホーム入所者もいた。重度の知的障害者の親は「親亡き後が一番心配。かなうことならこの子よりも1日長く生きて葬式を済ませた次の日に死ぬのがわたしの願いです。この子のわずかな障害年金から施設の費用をとるなんて死んでも死に切れません」と訴えた。

障害者施設徴収金の独自軽減措置実現

連絡会は市議会の各会派にも訴えて、１９８６年12月の市議会で「福祉施設費用徴収制度に関する要望決議」が採択され「負担軽減に努める」よう堺市当局に求めた。そして

1987年、障害者施設だけであるが、国基準より10％だけ軽減するという堺市独自措置が制度化された。ここでも「住民とともに」活動することが、行政を動かし少しでも市民のためになるような施策を作ることができることを学んだ。

福祉施設費用徴収制度は国においてもその後、「本人中心の負担」への見直しがされ、さらに介護保険法、障害者自立支援法での「応益負担」へと変遷していった。障害者は自立支援法廃止の大運動と違憲訴訟を通して、低所得者は「無料」を勝ち取った。しかし、障害者でも65歳になれば、介護保険優先で1割負担を押し付けられ、介護保険は2015年8月から2割負担が一部導入され、今後さらに拡大されようとしている。

30年以上前に堺市でやったような、障害者も高齢者も大同団結して「負担増押しつけ」に抵抗するような運動が全国規模で必要だと思う。

4 主婦からプロのヘルパーへ——非常勤ヘルパーとともに

ないないづくしの「登録制ヘルパー」

1983年、それまで低所得世帯対象に「無料」で派遣されていたホームヘルパー（当時は家庭奉仕員と呼んでいた）の制度が変わり、一般世帯の要援護高齢者や障害者にもサービスが提供されるようになった。それと同時に、所得税課税層は「有料」化された。堺市のホームヘルパー制度は、１９７０年代の堺市職労の下請け労働者直営化闘争で、社会福祉協議会の非常勤職員だったホームヘルパー全員を市の正規職員にしていた。

24人の市職員ヘルパーがいたが、堺市はこれを減らしながら、一方で大量の「登録制」ヘルパーを導入した。登録制といっても現在の介護保険のヘルパーとは違い、当時はヘルパー資格（訪問介護員研修・介護福祉士資格）そのものがなく、全くの無研修で、試験も不要で応募者全員を登録していた。市の「非常勤職員」とは名ばかりで、派遣依頼がなければ収入はゼロ。職業というより主婦のボランティアという感覚であった。仕事を受けるときは市の福祉事務所から電話一本で対象者と訪問日時だけ指示されて訪問をはじめ、報告書を月1回郵送するだけという仕組みであった。業務会議がないので、同じ所属の福祉事務所でもヘルパー間の交流は一切なく、仕事に必要な物品は全部自分持ちで、健康診断もなしの「ないないづくし」だった。ヘルパーが病気や用事で訪問できない時は利用者と自分で調整して日・時間を変更し、調整できなければ病気を押してでも訪問しなければならないこともあった。まるで「請負業」のような無責任な制度だった。

ボランティアから「職業」へ

私は1983年に1年だけ障害児のヘルパー担当になって、ヘルパーと同行訪問し、非常勤ヘルパーの話を聞き、「これは何とかしなくては」と思った。何人かのヘルパーと知り合いになり、ヘルパー担当を外れてからも彼女らと何度も話し合った。「ヘルパーは障害者や高齢者の生活の一部を制度として支える大切な仕事。不安定な請負業のような報酬付きボランティアでは期待に応えることはできない」。主婦のボランティアから「職業」として考えていこうという輪が徐々に広がっていった。

「ヘルパー交流会」をつくり要求活動始める

少人数の会合を繰り返し、こっそり手渡したヘルパー名簿をたよりに百数十人のヘルパーに郵送でアンケートを行い電話で参加をよびかけ、1985年9月にたった15人の参加だったが「ヘルパー交流会」を発足させた。翌年には、待遇改善に向け再度の郵送アンケートを行い、交通費の支給、エプロンや手袋の物品支給、健康診断の実施、会議や研修開催などを「要求書」にまとめ提出し交渉を行い、2年越しの1987年4月にようやく物品支給、月1回の業務会議、年1回の健康診断実施を実現した。制度化された介護福祉士にチャレンジするヘルパーも続々と出て、「専門性をもったプロのヘルパーになりたい」という意欲も高まってきた。しかし、堺市福祉部との交渉では、これ以上の進展は難しかった。「交通費支給は？」「休みたいとき代替は？」「訪問した時ケースが留守、その時の補償は？」「困難ケースとの対応で連携したいがその時間は？」。このような要求に対し、当局は「登録制だから困難」との回答に終始した。

登録制から「固定制勤務」への移行を求めて

こうした経験を通じて「利用者に責任をもってよりよいケアをするためには、不安定な登録制では無理」ということで一致するところまでになった。次なる目標は「勤務日と時間が固定した勤務形態」だった。私はこれを「固定制ヘルパー」と名付け、ヘルパーさんたちに提案した。こうして１９８８年からは、「登録制ヘルパーから固定制ヘルパーへ」がヘルパー交流会の目標となった。福祉部当局に「固定制勤務への移行」を要求し交渉しながら、並行して学習会を重ね、一人ひとりのヘルパーを交流会の役員が手分けしてあたり、呼びかけた結果、１９８９年12月には登録ヘルパーの８割以上にあたる１３１人が「固定制賛同」に署名し、圧倒的多数の要求となった。夫の扶養家族から抜ける問題は、当時の堺市非常勤職員がボーナスを含めて一定の年収水準を確保していたこともあって多くのヘルパーが乗り越えることができた。

ついに「労働組合」結成へ、固定制勤務へ移行

福祉部当局も「固定制」移行の必要性を認め、新年度（1990年度）予算要求に盛り込んでくれた。ところが、1990年1月の予算案市長査定で落とされ見送りとなった。落胆するヘルパー交流会のメンバーたちだったが、私にとっては「チャンス」だった。福祉部との交渉は「交流会」でもできたが、堺市当局（総務部や財政当局）との交渉は労働組合を作って労使対等の「団体交渉権」を持たない限りできない。「今こそ、非常勤ヘルパーの労働組合を作ろう」。

7年間の活動を経験しているだけに彼女たちの理解は早かった。「交流会でダメなら労働組合を作って固定制勤務を実現しよう」。この一点で10人ほどの中心メンバーが駆けずり回り、わずか1カ月後の1990年2月24日、134人の参加で「堺市非常勤ヘルパー労働組合」結成大会を迎えた。さっそく前年10月に発足したばかりの堺労連（堺労働組合総連合）に加盟、堺市当局に結成通告を行った。

当局には、組合の要求する「週3日」の固定制勤務が1990年度に実現できなかった代償措置として、登録制のままでも全員に週2・5日分の勤務日数を保障することを約束させ、1年間団体交渉を積み重ね、市に予算化をさせて、1991年4月から全員週3日の定日勤務のヘルパーとなった。

非常勤ヘルパーの組織化を始めた当時、私はまだ20歳代の若造で、ヘルパーさんたちは40代、50代の主婦で人生の先輩たちだった。それだけに、「主婦のボランティア」からさまざまな経験を通して集団で「プロのヘルパー」へと成長したたかっていく道のりはすばらしいものがあった。

その非常勤ヘルパーは、1990年代は堺市当局のヘルパー民営化を乗り越えてがんばってきたが、2000年4月からの介護保険制度とそれに続く障害者支援費制度で市が全面的にヘルパー事業から撤退する中で転換を余儀なくされた。非常勤ヘルパー全員が要介護認定と障害支援区分認定の「調査員」へと職種を変えて市の中で生き延びた。堺市は市内で行う訪問調査は、新規も更新も在宅・施設を問わず、すべて市の調査員が直接実施している。

介護保険のヘルパーの処遇改善を

今から20~30年数年前のこの登録制非常勤ヘルパーのたたかいを振り返って、介護保険のホームヘルパーの実態を見ながら、本格的なヘルパーの労働条件抜本改善の全国的なたたかいの必要性を改めて痛感している。自宅から利用者宅への「直行直帰」の不安定な勤務形態では、労働者としての基本的な労働条件は制約があるし、職業意識も育ちにくいので専門性向上も難しいことは、堺市の非常勤ヘルパーの経験で実証済である。

介護保険スタート当初、「ハロー！コムスン」のテレビコマーシャルに象徴されるように一時期もてはやされ、「人気職種」となったホームヘルパーだった。当時30歳代のシングルマザーの方から、「登録ヘルパーで身体介護を目いっぱいやったら、水商売で働くよりも実入りがいい」と言っていた人がいた。ところが、政府の「給付抑制」と相次ぐ制度改悪、報酬切り下げで訪問介護事業所は深刻な人材不足に陥り、ヘルパーの年齢層は3分の1以上が60歳以上と高齢化している。政府は介護保険改悪の中で「軽度者の生活援助は無資格者で可能」との方針を打ち出している。主婦のボランティアへの逆戻りである。不安定な「登録制」から労働者の権利が守られ、自活・自立できる職業としてのホームヘルパーの確立。これが、在宅介護の基盤を確立するうえで何としても成し遂げねばならない課題である。

第6章

平和運動、自治体労働運動——私の思想遍歴

右翼少年だった高校生の頃（1973年）

平和運動で各地へ出かけた（1986年）

堺市当局との団体交渉（1996年）

前章まで、社会福祉行政や高齢者介護問題とのかかわりで私の公務員人生について書いてきた。これまでのところで、労働組合結成など労働運動に関することがよく出てきているのでお気づきかと思うが、私は１９８３年に堺市職員労働組合の執行委員になってから１９９６年まで、自治体労働運動の第一線にいた。その後４年間は仕事に没頭し２０００年４月に、現在の職場に不当配転で本庁から飛ばされてから堺市職労社会福祉支部執行委員となり、16年間支部執行委員の末席に連なりながら職場で日刊の「堺市職労ニュース」を配ってきた。

ここからは私の人生での恥ずべき部分も含めて思想遍歴と平和運動、労働運動の思い出について書き綴ってみる。

1　右翼少年から「革命」少年へ

祖父から受けた偏向教育

わたしは１９５６（昭和31）年、岐阜県益田郡（当時。現在は下呂市）の山間地で生まれ育った。

私の名前・雅喜（まさき）の「雅」の字は祖父が付けた。この「雅」は、右翼宗教団体の「生長の家」の初代総裁・谷口雅春の「雅」から一文字もらったと聞かされた。祖父はこの「生長の家」に深く傾倒していた。日下部家は、戦前は地主で自らは耕作せず、小作人から年貢（小作料）を取り優雅な生活をしていたが、敗戦による農地改革で田畑の大半を失い山林のみとなった。祖父は「日本が戦争に負けさえしなければ先祖伝来の田を取られることもなかった」と深い恨みを持っていた。また9人の子のうち、私の父を除く8人が女性であったことから、第2次世界大戦では日下部家からは出征兵士はおらず戦死者が一人も出ていないこともあり、戦後の日本人が持つ反戦的な感情もなかったようである。むしろ祖父の弟が職業軍人で日中戦争時に陸軍特務曹長で満州にいて、どうやって入手したのか知れないが毎年大量の金品を送ってきたという話もある。

「生長の家」と三島由紀夫に感化される

小学生の頃、毎年夏休みに「生長の家」の子どもたちの合宿教育である「練成会」に祖父に連れられていった。「甘露の法雨」という経典や「生命の実相」という本を読まされたりした。6年生の時、谷口雅春の書いた「占領憲法下の日本」という本を読まされ、祖父から「このままでは70年安保で共産革命が日本で起きるかもしれない。そうしたらお前たちはソ連みたいに収容所で強制労働だ」などと言われ、とても怖い思いをした。１９７０

年11月に三島由紀夫が市ヶ谷駐屯地で自衛隊員に決起を呼びかけ割腹自殺した時は子ども心に「これこそ日本の英雄だ」と思ったものである。戦後10年以上たった1956年生まれでありながら、祖父の教育のおかげで「皇国史観」に染まった「右翼少年」になっていたのだ。

落ちこぼれ、自衛隊受験

そして高校生。部活は射撃がしたかったがなかったので「弓道部」にした。主将もやり段位もとったがたいしたことはない。勉強では、数学が大の苦手なくせに進学に有利と思い理数系コースを選択したのが大まちがい。物理と数学の授業がちんぷんかんぷんで、落ちこぼれになって他校の悪ガキとつるんでろくでもない遊びをするようになった。そんな状況だから大学受験ではまともなところはどこも不合格。何校も受験したが三流私学しか行けそうになかった。

憂さ晴らしに入ったパチンコ屋でおじさんに声をかけられた。警察の補導かと思って逃げようとしたら捕まって「心配せんでいい」。その男は自衛隊の地方連絡事務所の入隊募集担当者だった。かつ丼をおごってもらっていろいろ話して意気投合した。「最近は変な若者が多いのに日下部君のような国を憂う青年は国家の宝だ」と持ち上げられ、「陸上自衛隊なら2年間でいくつも資格や免許もとれる」「2年勤めれば退職金が出るし、続けて2年勤めればまた出る」と数々の甘言。ジープに乗せてもらって名古屋市守山の第10師団駐屯地にも連れていってもらい「体験入隊」もさせてもらった。

自衛隊の入隊試験は毎日やっていて、体力検査以外は、驚くほど簡単な試験だった。三肢択一式問題で、「日露戦争は何時代か。①奈良時代、②明治時代、③縄文時代」なんていうものだった。それでも解けない受験生には自衛官が「君、そうかなあ」と声をかけて正解に誘導する。わたしがトップで合格したので、10人ほどの入隊予定者の壮行激励会では「誓いの言葉」を読まされた。「われら防人（さきもり）となって、国土防衛の任務に専心します」というような内容だった。この時は、本気で「自衛隊に入って時期が来たら国を救うために戦う」と三島由紀夫の果たせなかったクーデターのような妄想を思い描いていた。

日本福祉大学で学んだ社会の仕組み

そんな時、日本福祉大学に合格した。迷った。「国土防衛か」「国民福祉か」。できの悪い右翼少年はこの程度の発想しかできなかった。そして結局、「4年間自由な生活ができる大学生がいい！」が結論だった。

1974年4月、日本福祉大学に入学したが、下宿部屋に「日の丸」を飾っているような右翼少年にとっては驚天動地の大学だった。学内は民主青年同盟（民青）だらけで共産党の赤旗新聞もあちらこちらにあった。最初は反発したが、同級生や先輩と徹夜で論争し語り明かすうちに、自分が何も知らない無知蒙昧な存在であることを思い知らされた。サークルは障害者研究会に入った。できの悪い頭でも若いので学ぶうちに、社会の仕組みがわかってきた。そして社会発展の法則、生産力と生産関係の矛盾など、社会科学の基礎的なことがわかるにつれて、皇国史観を卒業して、社会進歩と変革をめざす立場へと変わっていった。当時、問題となっていた「新大学管理法案」反対運動のデモにも参加し、1974年7月の参議院選挙では共産党学生後援会の活動も手伝った。

しかし民青の「歌って踊って」の活動スタイルは、どうしても肌が合わなかった。少数ながら当時の日本福祉大学には「革マル派」や社青同崩れ（共産主義学生協議会）や「民学同」など、他の学生運動の党派も存在した。社会変革に目覚めたわたしは、さまざまなセクトと論議をし集会・デモにも参加しながら、路線を模索していった。1974年8月に岡山で開かれた全国障害者問題研究大会に参加した後、広島での「原水爆禁止世界大会」（原水禁国民会議）に参加し、語り合ううちに、一つの「学生運動」へとのめりこんでいった。

ソ連を信奉し「革命」を夢見て学生運動へ

1979年3月に日本福祉大学（当時は名古屋市）を卒業したが、1年の留年を含め5年間の在学期間中、実際に通学したのは1年ほどだった。あとは、学生運動にあけくれていた。日本共産党・民青が圧倒的多数だった日本福祉大学で、あえて私は少数派のセクトの道を選んだ。民学同（民主主義学生同盟・学生共闘派）に所属し、3年間は下宿も引き払い「全国委員」として京都大学や大阪市立大学など民学同の「拠点」大学の多い関西方面で活動していた。

当時、ソ連共産党が言っていた「現代世界＝資本主義の全般的危機の第3段階」論を正しいと信じ、ソ連を先頭とする「社会主義世界体制」「民族解放闘争」、先進国の「国際労働運動」の「3大革命勢力」によって、国家独占資本主義は遠からず各国で打倒され、社会主義が世界的に実現するのが20世紀だ、なんてことを本気で信じていた。しかし、わずかその10数年後にソ連は崩壊し東欧諸国の社会主義政権が壊滅したのであるから、「若げのいたり」では済まされない誤った「闘争」をしていたことになる。

2　堺市役所に入ってからの歩み――「住民とともに」「底辺の仲間とともに」

根本的に学びなおし平和運動と自治体労働運動へ

大学卒業後、堺市役所に入り、堺市職員労働組合の組合員となり、1980年7月に中央委員に職場から選出されても、学生時代の思想を引きずり、「反主流派」として、組合執行部に批判的な行動をしてきた。しかし一方で、ソ連のアフガニスタン侵略（1979年）をきっかけにそれまでの主義主張に大きな疑問を持っていた。1981年3月に実際にソ連を旅行する機会があり、そこで目のあたりにしたモスクワとレニングラード（当時）の暮らしや市民の表情に見る「社会主義」の現実を見て、「こんなものは社会主義でも人類の理想でもない」ということを直感した。

根本的な学びなおしの必要を感じた私は『資本論』を一から読み直し、労働学校や堺市職労役員たちの学習会、職場の日本共産党後援会などで学ぶにつれ、政治観、世界観が変わっていった。「地域住民の繁栄なくして自治体労働者の真の幸福はない」という当時の衛都連（大阪衛星都市職員労働組合連合会）のスローガンは、自治体職員としての「働き方」「闘い方」

を教えてくれた。

１９８１年7月の堺市職労定期大会で反主流派に決別宣言をし、同年8月堺市役所平和を守る会（日本平和委員会の職場組織）に加わり、平和運動（市役所内ミニ原爆写真展、非核平和都市宣言運動など）と職場活動を経て、１９８３年7月に堺市職労の執行委員に選出された。

それからは仕事をしながら、多くの場面で「堺市職労役員」の立場で、第5章で書いたような活動を「住民とともに」取り組んできた。

同時に「堺市役所平和を守る会」のメンバーとして、さまざまな平和運動に参加してきた。

【コラム⑧】昭和天皇に一矢報いた全国植樹祭──堺大空襲と戦争責任

１９８６（昭和61）年に全国植樹祭が堺市で開かれ、昭和天皇がやってきた。１９８６年は昭和天皇の「天皇在位60年奉祝」なるものが反動勢力によって推進されていた。「在位60年」とひとくくりにするが、戦前の絶対主義的天皇制と戦後の象徴天皇は全く性格は違う。当時、私は「平和を守る会」（現平和委員会）で活動しており、「天皇在位60年行事反対集会」を開き反対運動を行っていた。その矢先に昭和天皇が全国植樹祭で堺市にやってきた。

堺市民にとって忘れられないのは１９４５年（昭和20）の堺大空襲である。サイパン島を飛び立ったアメリカのＢ29戦略爆撃機１１６機は7月10日未明に堺市上空に到達、１時間半にわたり焼夷弾７７９トンを投下した。２８３２人以上の死傷者、1万８４４６戸が焼失、約7万人が被災し、市街地の62％が焼け野原になったという。堺市民は真夜中の猛火をくぐり、逃げ惑った。逃げる途中直撃弾を受けて丸焼けになる人、阿鼻叫喚の焦熱地獄であったという。中でも竜神駅（現堺駅南方）付近では逃げ場を失った数百人の市民が折り重なって無残の焼死をとげた。ところが、この堺大空襲についての大阪府警察局（当時）の報告書はこの市民の被害よりも、仁徳天皇陵を真っ先にあげている。

「1、仁徳天皇御陵　被弾数　焼夷弾約３００個、被害状況　社務所約2坪全焼……松5本燃焼　御墳墓には異状あらせられず」。次は「2、反正天皇御陵　焼夷弾7個御墳墓には異状あらせられず　松10本燃焼（西部中央）松2本燃焼（後部）…」。次は軍関係施設の被害、その次は官公庁関係の被害、さらに軍需工場関係と続き、一般市民の被害は数字にまとめられているだけである。ときの天皇制政府にとっては、何千何百人の人が火炎地獄の中で苦しみながら命を落とし、何万人もの人が家を失い焼け出されて堺の町が壊滅したことよりも、仁徳天皇陵の松の木が何本焼けたことの方が重要だったのである。

「御墳墓は異状あらせられず」。警察の報告書はこれを一番に言いたかったのである。全国植樹祭の会場となった大仙公園は、この仁徳天皇陵の隣である。何たる歴史の皮肉か。数千人の空襲被害より松の木5本が焼けたことを重要視した天皇制政府。その天皇が戦後40年たって「木」を植えに仁徳陵にやってくる。この歴史のめぐり合わせの場で、昭和天皇に、堺大空襲をはじめとする戦争責任を問いたかったのである。昭和天皇の戦争責任は、開戦をめぐってのものと、終戦をめぐってのものがある。とくに、敗戦が濃厚となってからも天皇制の存続(国体護持)の保証が無いと講和は無理、と終戦を遅らせてきた責任は明白だ。1945年（昭和20）2月、当時の近衛文麿首相は、早期講和を天皇に奏上した。ところが昭和天皇は「もう一度戦果をあげてからでないと講和は難しい」と退け、半年間も無謀な戦争を続けたのである。その後の東京大空襲（3月）、沖縄戦（6月）、堺大空襲（7月）、そして広島・長崎の原爆（8月）など、戦争末期の多くの惨劇はこの間に起こった。昭和天皇が自国民に対する戦争責任を取らないまま人生を終わるようなことが許せるか。これが当時の私の心境であった。

堺市の仁徳天皇陵にやってくるのなら、堺大空襲の戦争責任を正面から天皇にじかに問いたい、そう考え私は機会を待った。

まず、日刊「堺市職労ニュース」で1カ月にわたって「天皇と戦争責任」という連載記事を掲載。全国植樹祭の4日前には、堺平和を守る会主催で「天皇在位60周年祝賀反対集会」を開催した。植樹祭が近づくにつれて、多数の警官が市内各地に配備され、検問、所持品検査、職務質問が行われ戒厳令のような状況になった。天皇の通る沿道はマンホールのフタを簡易コンクリートで封鎖するという案も出され、市役所の下水道部職員の反対で「テープ固定」にするなどの出来事があった。市役所の公用車まで警察の検問で頻繁に停車させられるようになったので、堺市職労として、堺市の全国植樹祭事務局長に「警察が公務の妨害をしている。やめさせろ！」と抗議すると、事務局長は「私の乗った公用車もさっき検問でとめさせられました」。「アホか！地元自治体の植樹祭の責任者の公用車まで止められて悔しいと思わんのか」といったやりとりをした。

警備状況から、昭和天皇の乗った車は阪神高速を通って、堺出口で降りて市役所前の府道を通って会場である大仙公園へ向うことがわかった。沿道の民家には洗濯物を干すことも自粛するよう通達されていた。

いろいろと「迎え撃つ」方法を考えた。沿道から横断幕をもって抗議する。アカン、警備が厳重すぎて多少の人数では近寄ることも無理。宣伝カーで抗議する。これも交通規制と警備で無理。ハンドマイクを持って沿道から抗議する。これも警備でシャットアウトだろう。まず試しに「戦犯天皇来堺反対！」と書いたステッカーを市役所の庁舎内に貼りまわった。真夜中に警備の目をかいくぐって電柱や壁にも貼った。これは翌朝にはすべて撤去された。

何かいい方法はないかと考えると、わが平和を守る会の事務所は市役所の向かい側の雑居ビルの4階にある（当時、堺母親連絡会、保育運動連絡会などと共同で賃借）。そこの窓ガラスの内側から、大文字で抗議のスローガンを書いて貼りだすことを思いついた。窓ガラスいっぱいに書けば遠くからよく見える。「戦犯天皇来堺反対」と書かれた建物の下を昭和天皇の車が走ることになる。天皇からは見えないだろうが、「戦犯天皇来堺反対」の文字が天皇を出迎えることには変わりない。これで堺大空襲で亡くなった犠牲者の悔しさを天皇に少しでもぶつけたことになる。

植樹祭の前日の1986年5月10日深夜、機動隊員がうろうろする中を平和を守る会のメンバー4人で事務所に入り、模造紙で「戦犯天皇来堺反対」の8文字を切り抜いて作成する。それから部屋の明かりを消して窓ガラスに貼り付ける。窓から下を見ると機動隊員が歩き回っているがどれも下ばかり気にしていて上に気が付いていない。部屋に鍵をかけ、ビルのシャッターを閉めてそそくさと帰った。あとは、翌朝、天皇の車が下を通るのを写真に取ればいい。

ところがである！　翌朝行くとビルの周りは黒山の人だかり。警官が何十人と取り巻いていて近寄ることもできない。そしてビルの屋上から警察署にかかっている交通安全の懸垂幕が裏返しになって2本吊り下げられ、「戦犯天皇」の4文字を覆い隠して見えなくしているではないか！「来堺反対」の4文字だけが見える。なんという卑劣な行為！　事務所に入れないので屋上に警官が上って懸垂幕を吊り下げたのである。

抗議をしようにもビルに近寄ることもできない厳戒体制。そうこうする内に、天皇の車が来る時間になった。先導車が通り、白バイとパトカーに守られた黒塗りの車が通り過ぎる。沿道でわずかに日の丸の小旗が振られる。ほんの一瞬の出来事だった。天皇が通り過ぎると、警備は続々と移動をはじめ、「戦犯天皇」の4文字を隠していた懸垂幕も屋上からするすると引き上げられた。残念無念である。「戦犯天皇来堺反対」の抗議は警察によって圧殺された。

気を取り直して、植樹祭で「お手植え」「お手播き」を終えた天皇がその後見学する府立母子センターに向う沿道である泉北1号線沿線の泉が丘駅前での宣伝行動に行く。こちらの警備は手薄で何とか数百枚の「戦犯天皇来堺反対」のビラを配布した。天皇の車が下を通る時間に歩道橋が通行止めになり、足止めをくらって不満たらたらの市民から「がんばれよ」と声援を受けた。

事務所に帰ってからみんなで話し合い、警察に抗議することになり、堺北警察署に電話した。「うちの事務所の窓に勝手に懸垂幕を吊るされた。どういうことか」と言うと、電話に出た警官はうろたえて「署長に替わります」と言い署長が出た。

署長「おたくの事務所は陛下のお道筋にあたるのですね」

日下部「『お道筋』かどうかは知らんが府道に面している。なぜ勝手に人の事務所の窓に懸垂幕を吊るしたのか。どんな権限でやったのか」

署長「陛下のお道筋には多くの方々がおられて、その中にはいろいろな考え方の人がいるので、お宅の事務所の窓の文字を見て混乱が起きるといけないので、当方の判断で処置させていただいた」

日下部「いろいろな考え方とはどういうことだ。混乱というがどんな混乱が起きると言うのか」

署長「当方は警備に責任があるので…」

日下部「人が自分の事務所に何を書こうが憲法の保障した表現の自由だ。勝手に警察が隠して侵害するのは許せん！　謝罪せよ」

署長「当方が警備上の必要性があってやったことで謝るつもりはありません」

うろたえ、非常に丁重な言い方だが、「警備上の判断」を口実に謝ろうとしない。

翌日、3人ほどで堺北警察署に抗議に行った。今度は署長は出てこず、数人の刑事が応対。はじめからケンカ腰の態度で、まったく耳をかそうとしない。椅子も用意せず、立ったままの怒鳴りあいになる。「勝手に人の事務所の窓に懸垂幕を吊るす権限が警察にあるのか！」「当方の宣伝が出来なかった損害賠償せよ！」「表現の自由侵害を署長が出てきて謝罪せよ」という私たち。「陛下の警備を邪魔しやがって、あんたらそんなことしてどういうつもりや」「屋上に上ったのはビルのオーナーの許可は得てある」という刑事たち。怒鳴り声の応酬になり、「出て行け。出て行かんと制服動員して排除するぞ」

そうこうするうちに、警官が大勢やってきて「執務の邪魔や、外へ出て行け！」と腕やズボンのベルトをつかまれ玄関の外へ押し出され数段の階段を蹴落とされるようにして放り出された。頭にきたのでしばらく外から「署長出て来い」「出てきて謝れ」とシュプレヒコールをした。

そのあと、堺総合法律事務所の弁護士に相談にいった。弁護士の平山正和先生いわく、天皇が地方に行く際の過剰警備は、市民生活に多大な支障を与えている。今回の問題も具体的に損害額（作成に要した費用）や慰謝料を請求して裁判で闘ったらどうか。広く世論に訴えて運動にしたらどうか、とアドバイスされた。

迷った。今の私なら、即刻裁判に踏み切ったのだが、まだ30歳そこそこの当時の私は、やりたいことがいっぱいあった。労働組合運動も平和運動も、また仕事や障害者問題もやりたかった。「天皇裁判」で最高裁まで闘うとなればその活動が中心になる。結局、裁判に踏み切れなかった。今から思えば、生涯最大の後悔である。3年後の1989年1月に昭和天皇が死んだとき「裁判闘争しておけばよかった」と大いに後悔したものである。

この事件について、堺市役所の記者クラブへ行って資料をばら撒いたがマスコミは一切無視した。共産党の「赤旗」だけが全国版で報道してくれた。「よくやった。警察はケシカラン」と見ず知らずの方から励ましの手紙や電話をもらった。右翼から抗議の電話がかかってきた。「非国民、殺すぞ」と言われたが、何もなかった。

堺北警察署の署長はその後、異動でいなくなった。植樹祭警備の不備を問われて更迭されたのであろう。

天皇が通った瞬間は警察によって覆い隠されたとはいえ、堺にやってきた昭和天皇を「戦犯天皇来堺反対」の8文字が迎えたことに違いない。昭和天皇に一矢報いたことはわたしの人生のちょっとした自慢である。

3　非正規の仲間に労働組合の光を

「この仕事いつまでも」――はじめての組合結成援助

私は正規の地方公務員が、一定の労働条件と給与を保障されている一方で、同じ市役所で働く「非正規」の労働者が、比べ物にならないほど低い賃金で働き、雇用止めで使い捨てられていくことが許せなかった。1983年に堺市職労の執行委員として初めての任務が「組織部長」だったので、当時は組合に加入しておらず未組織だった非常勤職員の組合づくりが最初の活動となった。

障害福祉課で担当していた仕事の一つに手話講習会や手話通訳者養成・派遣があった。そして、聴覚障害者の相談・援助と専門職として「ろうあ者福祉指導員」という職種が週3日の非常勤で1980年からスタートした。ところが、堺市の人事当局は「非常勤職員は1年更新で3回までの4年で打ち止め」としてきたのである。同じ4年雇用打ち止めを通告された福祉事務所の家庭児童相談室の相談員にも呼び掛け、1984年5月に「非常勤職労」（堺市福祉事務所非常勤職員労働組合）を結成した。組合員はたった7人だったが、これが私が援助させていただいた最初の労働組合結成である。

「この仕事いつまでも」を合言葉に、職場の全面的支援で「4年雇用打ち止め」を撤回させ、雇用継続を勝ち取った。この経験は私の労働運動における一つの柱となった。前章で書いた「堺無認可障害者作業所指導員労働組合」（1987年9月）、「堺市非常勤ヘルパー労働組合」（1990年2月）、「堺福泉療護園労働組合」（2003年12月）も、すべて当事者から相談を受け、仲間づくり、そして集団で「決意」し労働組合を結成し自らたたかうという道を歩みだしていった。

堺市の人事当局の中には「日下部は非常勤を口車に乗せて組合ばかりつくっている」などと陰口をいう者もいたが、「組合を作ってたたかう」と決意したのは当事者である。私がやったのは、職場の「底辺」に位置し使い捨てられている非正規労働者に労働組合という「たたかいの手段」を獲得する道筋とノウハウを示しただけである（**表3**）。

「働き続けるために団結しよう」

市役所内の各職場で未組織で放置され、雇用止めされていたさまざまな職種の非常勤職員で結成した「堺市非常勤一般労働組合」（1996年2月）がある。私がヤミ専従で副委員長をしているとき、この雇用止め問題を知り、1日「労働相談」を行い、次から次へと相談にやってきた非常勤職員の姿に感動して呼びかけたらわずか3カ月ほどで「労働組合」結成に結びついた。組合結成のスローガンは「働き続けるために団結しよう」だった。

増え続ける「非正規」の仲間たち

その後、私は市職労副委員長を辞任し、第一線から引いたのでかかわっていないが、非常勤職員の雇用継続は一定の到達を見た。しかし、その対象とならない非常勤職員や再雇用など、新たな非正規職員が次つぎと現れ、派遣労働者も役所のあちこちで働くようになった。この人たちは正規職員になり替わって公務労働をこなしながらも、低賃金の使い捨てだ。

そんな中で結成されたのがアルバイト（短期臨時職員）の「堺市バリュアブルスタッフ・アルバイト労働組合」（2004年12月）である。私の職場の滞納介護保険料の徴収員が委員長になって結成された。

堺市当局は、アルバイト職員に正規職員並みの仕事をさせながら、最長1年雇用で、再雇用されるためには2カ月間空けねばならず、しかも同一職場では雇用されないという徹

（表３）日下部雅喜のかかわった労働組合結成

結成大会時期	労働組合名称・結成時の「合言葉」	説　明
1984年5月15日	堺市福祉事務所非常勤職員労働組合 「この仕事いつまでも」	堺市の福祉事務所で働く家庭児童相談員、ろうあ者福祉指導員7人で結成。職場の全面支援を得て「4年で雇止め」を撤回させる。
1987年9月15日	堺無認可障害者作業所指導員労組（全国福祉保育労働組合堺無認可障害者作業所合同分会）	堺市内の無認可障害者作業所の指導員約20名で結成。堺市当局と団体交渉求めたが実現せず。市議会への請願署名運動を展開し採択。その後の補助金引き上げにつながる。
1990年2月24日	堺市非常勤ヘルパー労働組合 「固定制勤務でよりよいケアを」	登録制のホームヘルパー134人で結成。勤務日・時間の決まった「固定制」勤務を要求し実現。
1996年2月15日	堺市非常勤一般労働組合 「働き続けるために団結しよう」	堺市の未組織の非常勤職種約70人で結成。雇用止めに反対し大部分の継続雇用を実現。
2003年12月2日	堺福泉療護園労働組合（全国福祉保育労働組合堺福泉療護園分会、2004年4月28日に大阪自治労連・堺福泉療護園労働組合に変更） 「働きやすく明るい福泉療護園にするために」	堺福泉療護園のヘルパーを中心に結成。一時期は40人以上を組織化。解雇撤回、パワハラ元理事長を追放するが、労務屋の介入により組合は機能停止。
2004年12月17日	堺市バリュアブルスタッフ・アルバイト職員労働組合 「希望者の雇用継続を」	介護保険料徴収員などアルバイト（短期臨時職員）20名ほどで結成。雇用継続を求めたが実現せず、活動困難に。

底した使い捨てであった。これは今も変わらないどころかますます拡大し、派遣社員も含めて職場の40％近くが非正規労働者で占められるに至っている。

第一線で労働運動にかかわっていたころは、労組役員の中には、そうした「底辺労働者」に無関心で、正規職員の組合員の増減ばかり気にしたり、非正規の労組を選挙闘争などに動員主義的に便利使いするような傾向さえあった。今になって思えば、非正規・不安定雇用労働者を組織化する専従の「オルグ」のような仕事をやってみたかったものである。

4 労働組合運動での挫折—「ヤミ専従」副委員長の敗北

たたかう労働運動の専従となった5年間

1990年9月から1995年8月までの約5年間、堺市を休職し「専従」として大阪自治労連（大阪自治体労働組合総連合）と衛都連（大阪衛星都市職員労働組合連合会）の執行委員を務めた。役職は賃金調査部長である。その前年（1989年）11月、労働戦線の右傾化と再編により、「連合」が発足したが、同時に「闘うナショナルセンター」として「全労連」（全国労働組合総連合）も結成され、自治労連は、その最大組合であった。

これまで、職場で仕事をしながら、非正規の仲間の組織化や、「住民とともに」活動してきたが、いきなり大阪の自治体労働運動の中心に参加することになった。それは、賃金闘争と労働時間短縮闘争に専念した5年間であり、「連合」に打ち勝つ「たたかう労働運動」の出番だと固く信じていた。

「完全週休二日制移行」の闘いでは、1日の時間延長と引き換えに導入を画策する大阪府市長会のモデル案を統一交渉で打ち破った。国際的に日本の長時間労働が批判され、労働時間短縮が日本労働運動の課題となっていた時期でもあり、大阪労連などが呼びかけた「アフターファイブの会」、ドイツ・イタリアの労働時間短縮闘争と実地に交流する自治労連ヨーロッパ時短調査団にも参加させていただいた。

年末と夏季の一時金闘争では、連合傘下の自治労大阪府本部の「低額相場」形成策動を乗り越え、数千円から1万円高い相場での大阪府内統一決着を実現するなど、バブル崩壊後の不況局面に入ったとはいえ、まだ「たたかえば前進する」時期であった。

「ヤミ専従」で堺市職労副委員長へ

１９９５年9月、大阪自治労連での任務を終え、当時の地方公務員法では専従期間は「5年」が上限だったので、堺市の職場（障害福祉課）へ復帰するはずであった。ところが、当時の堺市職労委員長の松永健治さんから「専従で副委員長をやってくれ」と言われた。

「もう専従期間が残ってないから無理です」と言ったが、松永委員長は「労働安全衛生専任がある」というのだ。一言で言えば、労働安全衛生法を隠れ蓑にした「ヤミ専従」制度である。これは当時の堺市独特の経過があった。1980年11月の堺市長選挙で堺市職労が中心の「住みよい堺市をつくる会」の候補者が48・7％の得票で「あと一歩」まで迫った事態に危機感を募らせた市長与党会派が、堺市職労への報復として、時間内組合活動の制限を1981年に打ち出し、その後条例改正したことにその発端がある。1年間で1万7800時間が、「有給」で時間内組合活動を保障されてきたが、その大半が廃止された。当時の田中和夫堺市長と上田稔堺市職労委員長との間で、その「代償」として専従4人分の人件費を市当局が負担する方策として「労働安全衛生に専任する職員」というものを作ったのである。ただし、堺市職労本部でなく支部の書記長4人がこの適用を受けた。労組の支部活動の中心である職場改善の取り組みは「労働安全衛生の活動」と言えなくもないからである。

1995年9月から私は、朝出勤簿にハンコだけ押して、仕事をせず組合活動をすることになった。所属もそれまでの障害福祉課からより目立ちにくい民生総務課に机だけ移った。堺市中央労働安全衛生委員会の副委員長にも就任したが、「ヤミ専従」の経過を知っているだけに後ろめたい気持ちだった。毎日、出勤簿に押印するたびに嫌な気分になったことを覚えている。

市長与党会派を敵に回し集中攻撃を受ける

１９９５年当時、堺市職労はいくつかの問題を抱えていたが、もっとも大きなものは、勤務時間問題であった。堺市では１９９２年に、週休二日制実施と引き換えに、条例上の「勤務時間」は午前9時～午後5時30分までと15分延長されたが、5時15分から5時30分までの15分間は「休息時間」とした。堺市当局は、堺市職労に対しては「仕事は5時15分まで、それ以降は帰宅してよい」と説明し、堺市議会に対しては「5時30分までは勤務時間です」と二枚舌の説明をしていたのである。

堺市職労に戻ったわたしはこの事態を知って愕然とした。これでは、職員が「勝手に帰っていることになってしまう」。議会から追及された市当局は「5時30分までの拘束時間の延長」を申し出ていた。労働時間問題は、私が大阪自治労連で5年間取り組んだ課題であり、加盟の各市職労も統一闘争で9時～5時15分は堅持していた。そこで「延長断固反対・当局は二枚舌の責任を取れ」を掲げて徹底的に闘うことにした。賃金改定交渉では、全職員に住宅手当１０００円引き上げもさせた。さらに、当時新設された「中核市」に堺市が移行する閣議決定の「めでたい日」に合わせて、堺市職員の大半が中核市移行に否定的という市職労アンケート結果を公表してやった。新聞は「中核市移行、堺市職員冷ややか」（読売）と書き立て堺市の面目丸つぶれであった。

この闘争が市長与党会派全体を敵に回すことになった。そんな中、私の「ヤミ専従」が発覚し市議会で大問題になった。さらに泉北ニュータウンで全戸配布されているミニコミ紙「泉北コミュニティ」が毎週のように「ヤミ専従」問題を取り上げ始めた。当時は日下部（堺市職労副委員長）と、現業支部書記長、教育委員会支部書記長、水道支部書記長の４人がヤミ専従で、そのうち2名は共産党の市議会議員の親族であったため、「泉北コミュニティ」は「日下部副委員長をはじめとする『共産党の身内４人組』のヤミ専従」などと大書して実名入りでキャンペーンを張った。１９９５年12月の市議会では、勤務時間延長、特殊勤務手当廃止とヤミ専従廃止などの「決議」があげられた。

１９９６年、保守系市会議員がヤミ専従給与返還の住民監査請求を起こし、却下されると、市長を被告にして住民訴訟を起こした。松永委員長が、体調を崩し、出てこれなくなったので、わたしが闘争指導にあたることになったが、四面楚歌状態での闘争長期化に、堺市職労の中には「そろそろ落としどころを見つけて解決を」という声が出だした。私は「そもそもこの事態を招いたのは当局の二枚舌であり、「ヤミ専従」問題も10年以上前の当局の代償策。徹底的に闘うべき」と主張し、強引に引っ張っていった。

市当局は１９９６年5月の団体交渉から一方的に退席し、6月3日に一方的な勤務時間延長通告を行い、労使紛争状態となった。6月13日には、堺市役所の本庁前で大阪自治労連主催の「勤務時間延長反対、堺市職労支援大決起集会」が開催され、大阪府内全域からの支援を含め３０００人以上が広場を埋め尽くした。「当局が勤務時間延長を労使合意抜きに強行するなら地方労働委員会提訴や訴訟など法的対抗措置も含め徹底的に闘う」と私は壇上から訴えた。

6月18日、市議会の「正副議長あっせん案」なるものが出された。内容は「一方的通告は撤回する」が「7月1日から時間延長」「組合側は地労委提訴取り下げ」など事実上の当局案を丸のみする内容だった。私は「こんなあっせん案は拒否して、地労委・法廷闘争を辞さずたたかうべき」と主張したが、堺市職労執行委員会では「少数否決」された。

徹底抗戦路線を受け入れられなかった私は、6月24日付けで堺市職労副委員長を辞任し10カ月の「ヤミ専従」に終止符を打った。

当時の私は闘争至上主義で、「妥協せず闘い抜くことこそ階級的労働運動の使命」という発想だった。また自分自身が「ヤミ専従」と批判された悔しさもあり、徹底抗戦しか眼中になかったのである。

今から思えば、複雑な労使関係で老獪な調整力を必要とする堺市職労の闘争指導など私には初めから無理だった。あの時なぜ、ヤミ専従副委員長を断らなかったのだろう。職場に帰って以前のように仕事をしながら、「住民とともに」、「底辺の仲間とともに」たたかうべきだった、と後悔する気持ちもわいてくる。

5 「今度こそ仕事一本で」と監査チームでの4年間

そして、不当配転、刑事告発へ

１９９６年6月末、職場に帰った先は民生総務課庶務係だった。年度途中に帰ったので担当する仕事もない「余剰人員」だ。出勤簿や休暇票の管理など雑用をしていたが間もなく7月12日に、学校給食に起因する腸管出血性大腸菌Ｏ１５７による堺市学童集団下痢症が発生し、児童７８９２人を含む９５２３人の方々が罹患し3人の児童の尊い命を失うという事件が堺市を揺るがした。余剰人員の私は、その対策の諸雑用をいろいろおおせつけられた。

そして一段落した9月。１９９６年度から中核市となった堺市が発足していた社会福祉施設の「監査チーム」に引き抜かれ、その後4年間近くにわたって、特別養護老人ホームや保育所などの指導監査を担当することになった。

大阪府から移管された指導監督権限を生かし、福祉の現場を適正に、利用者の処遇を向上させる社会福祉法人・社会福祉施設へと指導できる。これまでの活動の「反省」も込めて、今度こそ「仕事一筋に堺市のために働こう」という気持ちになった。

指導監査では、労働運動をやってきた経験から人事・給与や労務管理関係は結構わかったし、社会福祉法人経理も通信教育で学んだ。また私自身が「ヤミ専従」をしていたので、施設に名前だけあって働かず給与を得ている「幽霊職員」を見つけるのはお手の物であった。勤務していない者はタイムカードなどの記録が不自然なのと「仕事をした実績」がないのである。この４年間だけは、「仕事一筋」で働いた唯一の期間となった。

しかし、ここでも、大きな不正を発見すると逆に、上層部からクレームを付けられるという場面に何度も遭遇することになった。そして、第１章の冒頭で紹介した２０００年４月、不正事件がらみでの不当配転、「公務員個人での刑事告発」へとつながっていくのである。

終章

介護保険は詐欺である

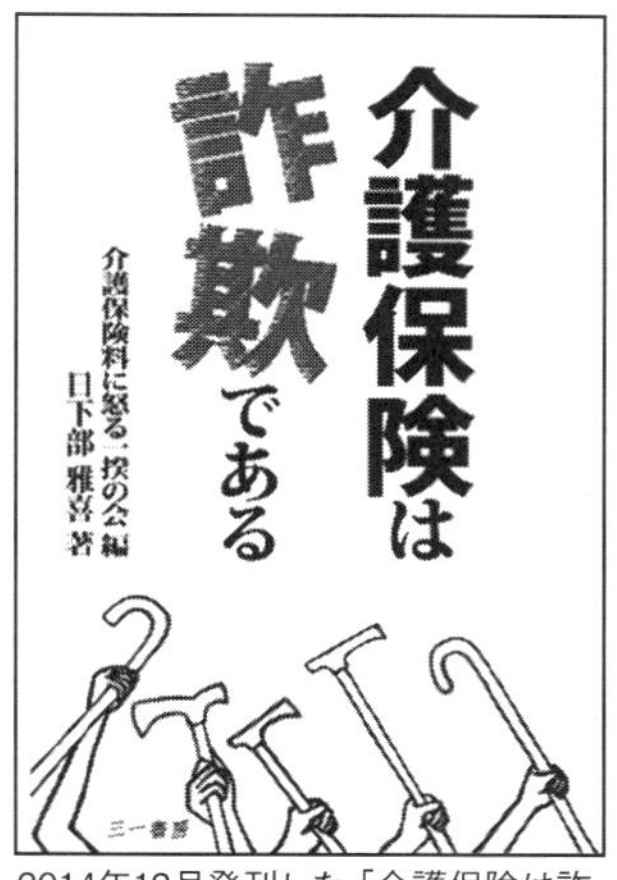

2014年12月発刊した「介護保険は詐欺である」（三一書房）

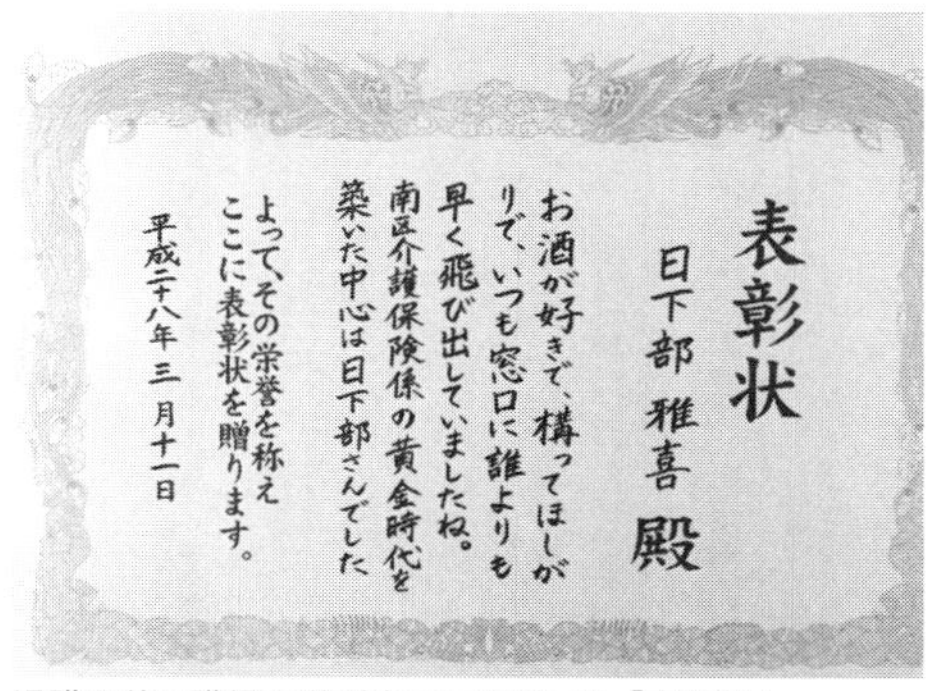

表彰状

日下部 雅喜 殿

お酒が好きで、構ってほしがりで、いつも窓口に誰よりも早く飛び出していましたね。南区介護保険係の黄金時代を築いた中心は日下部さんでした

よって、その栄誉を称えここに表彰状を贈ります。

平成二十八年三月十一日

退職を前に職場の送別会でいただいた「表彰状」

安心の介護は実現したか？

介護保険には日本に住む40歳以上のほとんど全員、約７３００万人が加入し保険料を払っている。そのうち65歳以上の３３００万人は多くが年金天引きで介護保険料を徴収されている。ただし、実際に利用できる人は要支援・要介護と認定された介護保険証を持っている人６００万人ほどで、65歳以上でも18％程度である。

介護保険が２０００年にスタートして16年が経ったが、安心の介護は実現したのだろうか。

「介護心中」「介護殺人」はほぼ毎週1件の頻度で起きている。家族が要介護状態になったために仕事をやめる「介護離職」は年間10万人、特別養護老人ホームの入所待ちの人は入所者数より多い52万人で、「介護難民」があふれている。介護事業所は介護労働者が集まらず人手不足で「介護崩壊」の危機が迫っている。

こうした中で、医療・介護一体改革の法律（医療介護総合確保法）に基づく介護保険の『改革』が２０１５年4月から始まっている。

これまでの介護保険は、①要支援1からでも在宅サービスは使える、②要介護1以上であれば特別養護老人ホームに入所申し込みをして待つことができる、③介護サービス利用料は所得に関係なく1割負担、④低所得者は介護保険施設の部屋代・食事代の補助があるという四つの特徴があった。

昨年以降の制度改定ではこれをすべて悪く変える「四大改悪」が強行された。それは、①要支援1、2のホームヘルパーとデイサービスは保険から外され市町村の事業へ、②特養ホーム新規入所は要介護1、2は締め出し、③合計所得160万円以上で利用料は2割負担、④非課税世帯でも預貯金が一定額あれば介護保険施設の食費・部屋代補助は打ち切りという内容である。

しかしこれは第1段階にすぎない。10年後の2025年に向けてさらにこの改悪はどんどんエスカレートしていくことになる。

「骨太の方針2015」で大改悪へ

そんな中、出てきたのが次期制度改定への動きである。2015年6月閣議決定された「経済財政運営の基本方針(骨太の方針2015)」では、社会保障費の自然増を3年間で9千億~1兆5千億円も削減することを目安にしている。そして介護保険についても大改悪を打ち出した。

骨太の方針2015には、「軽度者(要介護1、2)」に対するサービスの見直しと市町村事業への移行の検討を明記した。財政的には要支援者のサービスは介護給付の6%に過ぎず、これを切り捨てても財源抑制効果は知れている。そこで要介護1、2を見直すと30％もの給付費を見直し対象とすることができる。次のターゲットは要介護1、2なのである。

さらに、軽度の人が多く利用する「生活援助」と福祉用具、住宅改修については、保険給付からも市町村事業からも除外して、原則自己負担（一部補助）としようとしている。

これらについては、２０１６年の年末までに関係審議会等で結論を得て２０１７年1月からの通常国会で法案を提出としている。

まさに緊急事態であるが、果たして介護保険料を払っている皆さんの何人がご存知であろうか。

さらにもう一つ、利用者負担でも大改悪が迫っている。「骨太の方針２０１５」では、利用者負担の在り方について検討し、「医療保険・介護保険ともにマイナンバーを利用することで金融資産の保有状況を考慮に入れた負担を求める仕組みを検討」と明記した。

かつて70歳以上は「1割」であった医療の患者負担は、２０１４年の4月2日以降に70歳になった方は74歳までは2割負担となってしまっている。そこで、介護保険も、所得要件を外して65歳から74歳までは2割負担としようとしている。医療との均衡というのが口実である。

これも２０１６年の年末までに結論を得て２０１７年1月からの通常国会で法案を提出としている。

まさに緊急事態である。

マイナンバー制度で負担増にさらに拍車

さらに、２０１６年1月からスタートしたマイナンバー制度の登場である。

介護保険施設利用者の補足給付改悪で持ち込んだ「預貯金を考慮した負担の仕組み」を医療の入院費にも拡大し、将来的にはマイナンバーを活用して国民の預貯金を把握し、負担増の手段にしようとしているのである。たとえ所得がなくても「一定額の預貯金」があれば、利用者負担、患者負担が大幅に引き上げられかねない。

そして3年後の２０１９年度には、70歳で医療費患者負担2割となった人が75歳に到達するので75歳以上の後期高齢者医療の患者負担を現行の1割から2割負担に引き上げようとする。そうなれば、介護保険も「医療との均衡」を口実に75歳以上も2割負担へというわけである。

２０１５年12月24日に、経済財政諮問会議が決定した「経済・財政再生計画　工程表」には、これらの改悪案の内容がすべて盛り込まれた。スケジュールはすべて今年（２０１６

年）の年末までに「結論」、２０１７年の通常国会で「法改正」となっている。その通り行けば２０１８年度から順次実施し、２０２０年度には完成という工程である。

このまま現政権の経済財政改革という名の暴走が続けば２０２０年には、介護保険制度は、

①保険給付の大部分は「要介護３以上」でないと受けられず、要介護２以下の軽度者・要支援者は市町村事業
②生活援助・福祉用具・住宅改修は、原則自己負担
③利用者負担は65歳以上は原則２割負担
④預貯金等資産が一定額以上あれば３割負担（※マイナンバー制度拡大で預貯金がもれなく把握できれば医療保険も同様にする）

という姿になってしまうのだ。まさに「新四大改悪」というべきである。

一方で、高齢者の支払う介護保険料は、制度スタート時点（２０００年～２００２年度）では、基準月額（本人非課税者）は２９１１円だったが、現在（２０１５年～２０１７年度）では、５５１４円と１・９倍になっており、国の試算では２０２５年にはさらに１・５倍になるとしている。国民はどんどん利用できなくなる介護保険制度に、どんどん高くなる保険料を取られ続けることになる。

これが「介護保険料詐欺」でなくてなんであろうか。

介護保険の生みの親も「国家的詐欺だ」と

私は『介護保険は詐欺である』（三一書房）という本を２０１４年の年末に出した。するとその１年後の２０１５年の11月に、同じことを言い出した方が出てきた。介護保険制度創設時の厚生労働省の老健局長を務め、その後社会保険庁長官もされた堤修三さんという方である。日本の高齢者福祉行政と社会保険行政のトップを経験され「介護保険の生みの親」とまで言われている人である。

堤修三氏は「シルバー産業新聞」（２０１５年11月10日号）のインタビューで次のように語っている。

「保険料を納めた人には平等に給付を行うのが保険制度の大前提」。しかし「２０１５年改定や財務省の給付抑制路線の提案では、この前提が崩れつつあると危惧している」。さらに要支援者の訪問介護などを市町村の事業に移し替えたり、補足給付の資産要件を導入するなどは、保険制度からいえば全くの筋違いで、「団塊世代にとって介護保険は『国家的詐欺』となりつつあるように思えてならない」

まさに、介護保険の生みの親からも「国家的詐欺」とまで言われる介護保険制度改悪なのだ。問題は、この「詐欺」に多くの国民が気が付いていないことである。この「国家的詐欺」の手口を国民が知り、怒って動き出さない限り、私たち国民の老後の安心はない。

私の役目は、この「国家的詐欺」を知らせ、詐欺の被害を防止するためにたたかうことである。

おわりに

この本は「木っ端役人の仕事とたたかい」について綴った「退職公務員のたわごと」である。介護保険制度とともに私が37年間勤務した「堺市」もかなり批判させていただいた。

ただ、私は堺市には深く感謝している。定年退職で職場を去る日に私が行った挨拶である。

「堺市南区役所地域福祉課の皆さん。定年退職にあたり、ひとことお礼のご挨拶を申し上げます。私がこの南区役所にやってきたのは16年前の2000年（平成12）の4月でした。当時3月まで本庁で社会福祉法人の監査を担当していた私は不正事件の処理をめぐって上層部と対立し、この南区役所に不当配転で飛ばされました。いわば私の公務員人生はこれで終りました。しかし、そんな私を受け入れてくれて、いきいき、のびのびと仕事と活動をさせていただいた職場の皆さんには深く感謝をしております。16年間本当にありがとうございました。堺市南区は素晴らしい地域です。ぜひ皆さんの力で素晴らしい福祉の街を作っていただくようにお願いいたします。ありがとうございました。」

堺市役所を退職して6カ月。今の私は、大阪市西成区で医療福祉生協の診療所併設の居宅介護支援事業所（ケアプランセンター）で、ケアマネジャーとして勤務させていただいている。そして、介護保険料に怒る一揆の会や大阪社保協介護保険対策委員会の活動と講師活動にこれまで以上に走り回っている。

在宅の要介護高齢者の生活によりそい支援するケアマネジャーの仕事は、介護保険「制度」は知っていても「介護現場」を知らなかった私にとって戸惑いの毎日である。しかし、ささやかであるが「人の役に立つ」ことができる仕事であることがとてもうれしい。思えば公務員生活の37年間、仕事を通じて人の役に立ったことがあるだろうか。私がやりたかった仕事はこれだったかもしれない。長い回り道であった

ところが、ここでも「介護保険制度改悪」は情け容赦なく、利用者や介護現場に襲いかかってくる。保険料滞納者に対する給付制限、報酬減算をテコとした介護事業所への締め付けなどである。さらに要支援サービス切り捨ての「新総合事業」では大阪市は大量の無資格ヘルパー導入による費用削減を狙う案を強行しようとしている。

木っ端役人は卒業したが、これからは、ケアマネジャーをしながら、「介護保険詐欺」を告発し、たたかい続けていくことになりそうである。

本書は、そのたたかいの決意表明でもある。

最後に、このような「退職公務員のたわごと」を本にしていただいた日本機関紙出版センターの丸尾忠義氏に深くお礼を申し上げる。また、公務員でありながらわがままな人生をつらぬいたために苦労をかけ続けた私の妻と二人のわが子たちにも「ありがとう」である。

２０１６年９月　　日下部雅喜

日下部雅喜　略年表

年月	あゆみ
1956　2	岐阜県益田郡（現　下呂市）に生まれる
1974　3	岐阜県立加茂高校卒業
4	日本福祉大学入学
1979　3	日本福祉大学卒業
4	堺市役所入庁・福祉部障害福祉課に配属
1981　8	堺市役所平和を守る会入会
1983　7	堺市職労　本部執行委員に選出される
1984　5	堺市福祉事務所非常勤職員労働組合を組織化　4年期限撤廃闘争
1985　9	非常勤ヘルパー交流会を組織化　登録制ヘルパーの待遇改善運動
1986　8	社会福祉施設費用徴収金改悪反対連絡会結成
12	堺市議会「福祉施設費用徴収制度軽減努力要望決議」採択

年	月	事項
1987	9	堺市無認可障害者作業所労働組合（全国福祉保育労組大阪地方本部堺市無認可障害者作業所合同分会）組織化
1988	7	堺市職労　本部書記次長に就任
1990	2	堺市非常勤ヘルパー労働組合を組織化　登録制から固定制を要求
	9	堺市を休職し、大阪自治体労働組合総連合（大阪自治労連）専従・賃金調査部長に就任
1991	4	非常勤ヘルパー、週3日の定日制勤務となる
1995	9	堺市に復帰。堺市職員労働組合副執行委員長（ヤミ専従）勤務時間延長反対闘争、95年賃金確定闘争、特殊勤務手当闘争など
1996	2	堺市非常勤一般労働組合を組織化
	6	勤務時間延長反対の闘争路線めぐり副執行委員長辞任　職場復帰　民生局民生総務課配属
	9	民生総務課　社会福祉法人監理担当として法人・施設監査に従事

年	月	事項
2000	4	堺市南支所（現南区役所）南保健福祉総合センター地域福祉課へ異動（不当配転） 社会福祉法人堺福祉会不正事件を「公務員個人」で刑事告発
	7	堺市当局、社会福祉法人堺福祉会元理事長らの刑事告発見送り。同時に日下部雅喜への処分も行わないと発表
	11	福井宥さんとともに介護保険料集団不服審査請求運動の組織化
2001	4	社会福祉法人公金不正流用損害賠償裁判で証人として出廷 大阪社保協・福祉介護オンブズネットおおさか発足、事務局長
	5	福井宥さん、介護保険料違憲訴訟提起
	9	介護保険料に怒る一揆の会発足
	10	ウエブサイト「福祉・介護オンブズマン」開設
	12	社会福祉法人堺福祉会不正事件公文書非公開に対し、情報公開裁判提起
2002	7	社会福祉法人公金不正流用損害賠償裁判、「和解」解決
	9	介護保険料違憲訴訟（第2次）近田さん、酒井さん提起

年	月	事項
	12	大阪地検、社会福祉法人堺福祉会不正関係者「不起訴」処分
2003	5	大阪第二検察審査会へ、社会福祉法人堺福祉会不正関係者「不起訴処分不当」の審査申し立てを行う
	6	大阪第二検察審査会、社会福祉法人堺福祉会不正関係者の「不起訴不当」の議決を行う
	8	介護保険料一揆運動創始者・違憲訴訟原告　福井宥さん他界される
	9	介護保険料に怒る一揆の会　事務局長に就任
	12	堺福泉療護園労働組合（全国福祉保育労組大阪地本堺福泉療護園分会、のちに大阪自治労連堺福泉療護園労働組合）を組織化
	12	大阪地検、再び社会福祉法人堺福祉会不正関係者を「不起訴」とする
2004	9	介護保険料違憲訴訟に「堺市職員」として証人で出廷
2005	5	不正介護報酬返還訴訟を提起（原告、石崎義隆氏ら堺市住民）
	6	大阪地裁、介護保険料違憲訴訟（第1次・第2次）で不当判決

2006	5	大阪高裁、介護保険料違憲訴訟（第1次）で不当判決
	7	大阪高裁、介護保険料違憲訴訟（第2次）で不当判決
2008	1	大阪地裁　不正介護報酬返還訴訟で1億158万円返還命じる判決
	3	福祉・介護オンブズネットおおさか　介護事故問題で「提言」発表
2009	4	大阪社保協介護保険対策委員会、大阪府の「訪問介護Q&A」全面書き換えさせる
	7	大阪高裁、不正介護報酬返還訴訟で1億158万円返還命じる判決
2010	4	「ここまでできる！ホームヘルプサービス」発刊
	10	堺市非常勤ケアマネ公務災害確認訴訟提起
2011	7	最高裁、不正介護報酬返還訴訟　報酬返還必要なしの逆転不当判決
	9	「『改正』介護保険」発刊
2013	6	大阪地裁、堺市非常勤ケアマネ公務災害確認訴訟で不当判決
	7	「2025年介護保険は使えない」発刊

年	月	事項
	12	大阪高裁、堺市非常勤ケアマネ公務災害確認訴訟で不当判決
2014	10	「2015『改正』介護保険」発刊
	12	「介護保険は詐欺である」発刊
2015	3	「改定介護保険と自治体の役割」発刊
2016	3	堺市を定年退職

日下部雅喜の著作（新聞・雑誌は除く）

書名と発刊時期	編者・発行者	執筆部分
1992年8月 自治労連ブックレット3「人勧体制の役割と自治体労働者のたたかい」	日本自治体労働組合総連合賃金権利専門委員会	第3章　自治体労働者のたたかいと人勧体制 第4章　人勧体制打破の展望
1995年8月 自治労連ブックレット5「自治体労働組合運動のあらたな前進をめざして」	日本自治体労働組合総連合	第2章　賃金・権利闘争の現状と課題
2004年 「介護福祉士選書・新版老人福祉論」	建帛社	第4章　高齢者の人権と権利擁護
2006年9月 「払いません」	三五館	第8章　介護保険料は払いません

発行年月・書名	編者・出版社	担当
2009年5月「ケアマネ白書」	よりよい介護をめざすケアマネジャーの会編 日本機関紙出版センター	第3章 介護保険制度とケアマネジャーの現状 第4章 利用者本位の介護保険活用のポイント
2010年4月「ここまでできる！ホームヘルプサービス」	よりよい介護をめざすケアマネジャーの会編 日本機関紙出版センター	第1章 これもしてくれないの？制限だらけの訪問介護 第3章 介護保険のホームヘルプサービス（訪問介護）とは
2010年9月「地域ケアシステムと変革主体」	光生館	第8章 ソーシャルアクションでつくるケアのミニマムと質
2011年9月「改正」介護保険―緊急解説	日下部雅喜著・大阪社会保障推進協議会編 日本機関紙出版センター	単著

2013年7月 「2025年介護保険は使えない?」	大阪社保協介護保険対策委員会編 日本機関紙出版センター	第1章　介護保険の仕組みと問題点 第2章　介護保険で老後は安心か 第3章　狙われる介護保険大改悪 第4章　地域での運動課題と介護制度改革への提言
2014年10月 「2015『改正』介護保険」	日下部雅喜著・大阪社会保障推進協議会編 日本機関紙出版センター	単著
2014年12月 「介護保険は詐欺である」	日下部雅喜著・介護保険料に怒る一揆の会編 三一書房	単著
2015年3月 「改定介護保険法と自治体の役割」	伊藤周平・日下部雅喜著 自治体研究社	第4章　自治体での運動課題 第5章　介護保険制度への改革提言

日下部雅喜の著作

年月・書名	発行	備考
2015年4月「介護保険白書」	介護保険白書編集委員会 本の泉社	第1章 医療介護総合確保法と介護保険
2016年1月「個人情報丸裸のマイナンバーはいらない！」	大月書店	第1章 2マイナンバーと介護保険
2016年5月「どうなる介護保険 総合事業」	日本機関紙出版センター	単著

【著者】

●日下部雅喜（くさかべまさき）

1956年岐阜県生まれ。

日本福祉大学卒業後、堺市役所へ。2000年から自治体の介護保険窓口業務のかたわら、一市民として「福祉・介護オンブズマン」活動、「介護保険料に怒る一揆の会」の活動に参画。

2016年3月堺市役所退職。大阪市内の居宅介護支援事業所にケアマネージャーとして勤務。

大阪社会保障推進協議会・介護保険対策委員長として介護制度改革問題に取り組む。

「介護保険は詐欺だ！」と告発した公務員

2016年10月20日　初版第1刷発行

著　者　日下部雅喜
発行者　坂手崇保
発行所　日本機関紙出版センター
〒553-0006　大阪市福島区吉野3-2-35
TEL 06-6465-1254　FAX 06-6465-1255
http://kikanshi-book.com/
hon@nike.eonet.ne.jp
本文組版　Third
編　集　丸尾忠義
印刷・製本　シナノパブリッシングプレス

Printed in Japan
ISBN978-4-88900-935-4